장기 묘수의 진수! 다년간 연구의 결정판

必勝 이기는
장기 묘수 비법

공저 임제민 · 윤용식

법문 북스

必勝

妙手 장기

머리말

　우리나라 사람으로서 장기(將棋)를 모르는 남자는 없을 것입니다. 장기야말로 가장 넓게 보급된 건전한 국민 오락이며, 우리의 국기(國技)로 자리 잡고 있다고 해도 과언이 아닙니다.

　그러나 장기에 대한 이해나 수준은 의외로 뒤떨어져 있어 아직도 호랑이 담배 피우던 시절을 면치 못하고 있다는 사실에 애석함을 감출 길이 없습니다.

　따라서 기단(棋壇)의 향상과 발전에 기여할 전문서적의 간행이 많은 애기가(愛棋家)로부터 요청되어 오던 중, 마침 장기전서(將棋全書)에 뒤이어 여기 또 하나의 단행본을 상재하게 되어 매우 큰 기쁨이라 아니할 수 없습니다.

　하지만 장기 서적계의 출판 역사가 워낙 짧기도 하거니와 졸자(拙者)의 연구 미급 등이 겹쳐 내용의 미숙함이 이루 말할 수 없겠지만 독자 여러분의 넓은 이해가 있을 줄 믿습니다.

끝으로 덧붙이고 싶은 것은 이 책자를 통해 단지 장기에 한한 지능 향상에만 몰두하지 말고 장기를 통한 승부(勝負), 그것이 바로 오늘날의 치열한 생활 경쟁의 자태라 여기고 마치 장기처럼 각양각색으로 전개되는 모든 고경(苦境)을 능히 극복할 수 있는 인내와 감투심을 배양하는 데 도움이 되기를 바라마지 않습니다.

서론

우리나라의 장기는 기기원(其起源)을 파악하기 어려울 정도로 오래되고 긴 역사를 가지고 있으며, 또한 우리 국민에게 널리 보급되어 있어서 노소를 불문하고 동석동락으로 한결같이 즐길 수 있는 가장 대중적인 오락이다.

자고로 장기에 대한 일화도 많고, 또한 장기의 명수였다는 이들도 많아서 고수의 명성을 떨쳤다는 실화도 많이 들려오고 있으나 자신의 비법을 전수하여 줄 수 있는 장기에 대한 저서가 없었음은 심히 유감스러운 일이다. 하여 오래전부터 기가들이 고수의 비법을 몹시 갈망하여 오던 일이다. 바둑을 두는 데도 반드시 일정한 정석이 있고 또 모든 운동에 있어서도 질서 있는 기초 훈련이 필요하듯이 장기에도 일정한 기초 법식에 의한 포진법이 있으며, 이 포진법을 해득(解得)하지 못하고서는 일정한 실력을 향상시킬 수가 없는 것이다.

기가들이 어느 한계의 실력에 도달하면 지지부진하고 더 이상 기력 향상을 볼 수 없음은 이에 대한 이론 체계의 확고한 지도자가 없기 때문이다.

몇 해 전에 우리나라가 국수 임제민 씨와 이정석 씨 공저로 우리나라에서 처음으로 『장기전서』를 발간한 적이 있는데, 이 저서에서 비로소 장기 포진법의 기초 부분만이라도 발표한바, 장기 동호인들의 절대 찬사를 받았다. 그러나 불행하게도 출판사의 화재로 말미암아 기조판과 대부분의 『장기전서』가 소실되어 버렸으므로 이 귀중한 서적을 다시는 시장에서 찾아 볼 수 없게 되었다.

　　그리하여 이번 국수 임제민(林濟民) 씨는 윤응식(尹應植) 씨의 협조를 얻어 다년간의 숙망(宿望)이던 『묘수장기』를 발간하게 된 것은 우리나라 장기계의 일대 희소식이 아닐 수 없으며 두 분의 공로를 높이 찬양하는 바이다.

　　임제민 씨는 본디 평양 태생으로 소년 시절부터 장기에 유달리 취미와 재질을 가지고 있었으며, 장기 수준이 비교적 높은 기계(棋界)의 고단자들과 비견할 만하였고 이들을 능히 제압하여 약관 이십 세에 기계의 제일인자가 되었다. 또한 전국 각처로 장기의 이름난 고수들을 순방하면서 실지 대국을 거듭하는 동안에 각양의 기법을 몸소 체득하면서 기후 삼십여 성상을 기법 연구에 전념하여 왔으며, 이를 이론 정연하게 체계화하는 데 성공한 독학자이다.

　　본 『묘수장기』에 수록된 포진법은 방정식으로 풀이하여 기공식이 정연할 뿐 아니라, 대국면 공방의 변화수를 다용도로 전개하여 장기 묘수의 진수를 예리하게 해설한 점은 임 선생의 다년간 연구의 결정이라 하겠다. 초심자는 물론 상당한 고수라 할지라도 연구에 많은 도움이 될 것임을 자부하는 바이다.

중반전의 작전법은 현재 고수들이 많이 쓰는 국면을 포촉(捕捉)하여 새로운 변법을 많이 가미하였으며, 특히 기법 연마에 가장 필요하다고 생각되는 박보문제(博譜問題)에 심혈을 기울였다.

수년 전에 서울신문지 상에 임 선생의 창작으로 된 삼백여 제의 박보를 연재 발표하여 독자의 많은 환영을 받은 바도 있는데 이 책의 대부분이 실전 말기에 흔히 당면하게 되는 문제 중에서 안출된 것이다.

이 책의 권말에는 초심자부터 고수 간에 필히 해득해 두어야만 하는 수 편의 박보를 수록하였다. 기가들의 연구심 향상에 한층 더 기여할 것으로 확신한다.

이상으로 미루어 보아 임제민 씨의 장기에 대한 연구의 결정은 놀라울 정도로 고도화되었으며, 인간 두뇌의 진보되는 한계가 무한에 가까운 높은 위치에 달할 수 있음에 감탄하지 않을 수 없음을 느끼게 된다.

임제민 씨의 장기계에 이바지한 위대한 공적은 길이 빛날 것이며, 기수법의 일부를 후진을 위하여 『妙手장기』에 발표하여 준 데 대하여는 최대의 찬사를 보낸다. 앞으로 장기의 수준이 비약적으로 향상되리라고 확신하면서, 서론을 쓰게 된 것을 영광으로 생각한다.

현태호

<수순 보는 법>

장기(盤)의 대소 규격은 일정하게 제정된 바 없지만 일반적으로 종 (縱: 세로)보다 횡(橫: 가로)의 길이가 약간 길어야 됩니다.

(앞으로 일정한 규격을 제정코자 함) 종은 10선이요, 횡은 9선입니다. 기물(장기짝) 이동을 표시하기 위하여 종 10선은 좌 상측을 기점으로 하여 한자로 一二三……十으로 기호하고, 횡선은 좌측을 기점으로 하여 아라비아숫자로 123……9로 기호합니다. 행마의 수순을 호칭할 때 종선 의 한자를 선(先)으로 하여 一1 혹은 三5 등으로 호칭합니다. 열거하면 아래 그림의 표시된 초장(楚將)의 위치를 一6, 초포(楚包)의 위치를 三 2, 한병(漢兵)은 七5 등으로 호칭합니다.

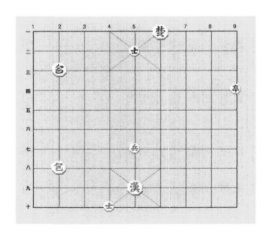

차 례

제1장 포진(布陣)(서반)

「卒 쓸고 馬 나가고 包 뛰고……」하는 초판에서부터 將이 오고 갈 때부터 한판의 승부가 끝날 때까지의 과정을 연구하는 데 있어, 형이상(形而上)「포진」·「전투」·「낱장기」의 三기(期)로 구분할 수가 있습니다.

여기서 포진이라고 하면 장기를 두기 시작할 때의 기본 배치로부터 전투태세를 갖출 때까지의 「시기(時期)」를 가리키며 그 수수(手數)는 대략 안팎 30수 내외가 됩니다.

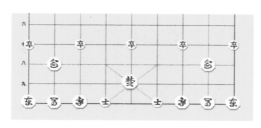

A도

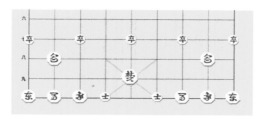

B도

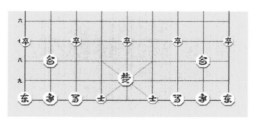

C도

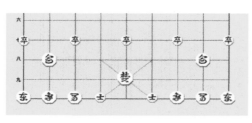

D도

그런데 우리 장기의 「룰(法則)」은 기본 배치에 있어 象과 馬의 위치를 A, B, C, D도의 네 가지 중 각자의 취미에 따라 마음대로 선택할 수 있는 점이 서양장기(체스)나 일본 장기 또는 중국 장기와 근본적으로 다른 점이며, 따라서 기본 배치부터가 포진의 구체적인 범위 안에 속하게 됩니다. 선현께서 이렇게 기본 배치에 융통성을 둔 데에는 물론 상당한 이유가 있을 것임이 분명한데, 전해지는 문헌(文獻)이 없어 그 이유를 밝힐 수 없음을 불행으로 생각합니다.

포진을 연구하기에 앞서, 그 종류를 나누어 보면 크게 봐서,

① 귀馬 포진

② 면象 포진

③ 원앙馬 포진

④ 양귀象 포진

⑤ 양귀馬 포진의 다섯 종류가 있는데, 상대편의 포진을 고려해서 더 자세하게 나누자면,

① 귀馬 대 귀馬(위가 선수)
② 귀馬 대 면象
③ 귀馬 대 원앙馬
④ 귀馬 대 양귀象
⑤ 귀馬 대 양귀馬
⑥ 면象 대 귀馬
⑦ 면象 대 면象
⑧ 면象 대 원앙馬
⑨ 면象 대 양귀象
⑩ 면象 대 양귀馬
⑪ 원앙馬 대 귀馬
⑫ 원앙馬 대 면象
⑬ 원앙馬 대 원앙馬
⑭ 원앙馬 대 양귀象
⑮ 원앙馬 대 양귀馬
⑯ 양귀象 대 귀馬
⑰ 양귀象 대 면象
⑱ 양귀象 대 원앙馬
⑲ 양귀象 대 양귀象
⑳ 양귀象 대 양귀馬
㉑ 양귀馬 대 귀馬
㉒ 양귀馬 대 면象
㉓ 양귀馬 대 원앙馬
㉔ 양귀馬 대 양귀象
㉕ 양귀馬 대 양귀馬

이상의 스물다섯 종류가 있게 됩니다. 그러나 이 책에서는 상식적으로 알아두어야 할 기본 포진과 특히 실전에 많이 쓰이는 몇 가지 포진에 중점을 두었습니다.

귀馬 포진

「A도」와 같이 배치하는 포진을 가리켜 귀馬 포진이라고 합니다. 漢측의 배치는 어떻든 楚측(선수)측의 귀馬 포진은 특히 알기 쉽고 무난하다는 정평이 있어 전문 기사(專門棋士) 간의 공식 대국에서도 가장 많이 볼 수 있는 포진의 기본형입니다.

전해오는 옛날의 실전보(實戰譜)가 없어 확실한 증거를 들 수는 없지만 아마 장기가 생겨났을 때부터 이 귀馬 포진이 기간 포진(基幹布陣)을 이루었을 줄 추측합니다. 그 이유로는 첫째, 근대 기단(近代基壇) 직전의 대표적인 노국수(老國手) 간의 실전에서 원앙馬나 象포진의 예가 극히 적었다는 점, 둘째로는 특히 귀馬 포진만이 다소간의 이론적 체계를 갖추었을 뿐이었다는 사실을 지적할 수가 있습니다.

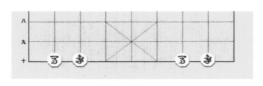

A 도

그러나 고대로부터의 귀馬 포진은 「B도」와 같이 대각 선상(對角線上)에 馬와 象을 배치하며 면卒을 버리고 象이 면으로 나아가던 것이 근대에 와서는 馬와 象의 위치를 「C도」와 같이 서로 병행 배치(並行配置)하며 卒을 면으로 집결시키고 象을 변(邊)으로 나아가게 하는 정반대의 비약적인 변천을 가져왔다는 사실을 볼 때, 각각 내재(內在)하고 있는 구체적인 성분에 대해서는 이하 각항(各項)에서 검토하겠지만 여기서 단적으로 말하자면, 전자는 포진 형성까지의 과정 중 선후 수를 바꾸는 일이 있더라도 전국적인 영향이 적은, 즉 정적(靜的)이며 소극적인 포진입니다. 이에 반해 후자는 국부(局部)의 한 수 차이만으로도 전판이 뒤집히기가 쉬워 속도가 강조되고 있는 점으로 보아 사회적 조류(社會的潮流)에 따라 당연히 발전된 시대적 상징(時代的象徵)이라 해도 마땅할 줄 압니다.

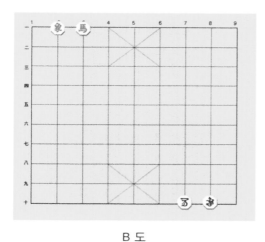

B 도

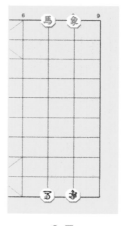

C 도

1. 포진 一형 귀馬 대 귀馬(신포진)

楚·漢 쌍발이 병행식(並行式) 귀馬로 배치한 「제1보」에서 ①은 車·包·馬·象·卒의 다섯 가지 능기물(能器物) 중 가장 기동성이 풍부한 車의 앞길을 연(開)다는 첫째 목적과 四9漢·兵을 당분간 고립(孤立)시킬 수 있는 선착의 효력(先着效力)을 보여주고 있습니다. ②도 車길을 튼다는 한 가지 목적만은 수행했지만 七─楚·卒을 고립시킬 수 없는 점이 ①에 비교되는 불만이기는 하지만 정수(定手)로써의 가치는 충분한 것입니다.

⑩까지는 귀馬 신포진의 정상과정(正常過程)을 표시했는데 서로 최선의 「코스」입니다.

제1보에서

① 七9 楚·卒 七8

② 四1 漢·兵 四2

③ 十2 楚·馬 八3

④ 一2 漢·馬 三3

⑤ 八2 楚·包 八5

⑥ 三2 漢·包 三5

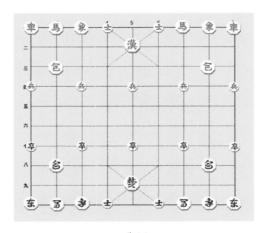

제1보

제2보에서

⑦ 十8 楚·象 七6

⑧ 一7 漢·馬 三6

⑨ 十7 楚·馬 八6

⑩ 一8 漢·象 四6

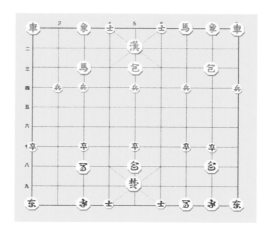

제2보

　이어 「제3보」에서 ⑫와 ⑬이 초심자 간에는 보기 힘든 착상(着想)이지만 다음 전투에 대비하기 위해 안궁(安宮)을 속히 하고 양 包의 활동 분야를 넓히기 위해 一선과 三선을 분담(分擔)하려는 스피드의 강조인 것입니다.

　그러므로 ⑭로 漢·兵의 고립을 풀고 대車의 시비를 걸어왔을 때 ⑮로 의중(意中)을 역행(逆行)하게 된 것입니다.

　즉 「제4보」의 ⑯⑰에서 표시된 것과 같이 「十선」 상의 楚·包가 먼저 자유스러운 위치에 서게 되었는데 車대가 서로 불가피했다는 점과(굴복하지 않기 위해) 漢·車가 먼저 때린 것은 ⑱에 의한 漢의 안궁이 급했기 때문에 부득이했다는 두 가지 이유를 들 수가 있습니다.

제3보에서

⑪ 十6 楚·士 九6

⑫ 三5 한·包 一5

⑬ 八5 楚·包 十5

⑭ 四9 漢·兵 四8

⑮ 九5 楚·將 十6

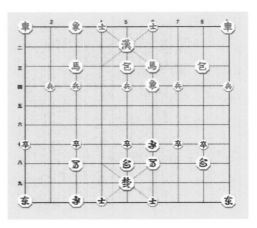

제3보

제4보에서

⑯ 一9 漢·車 十9 車
때림

⑰ 十5 楚·包 十9 車
때림

⑱ 一6 漢·四 二6

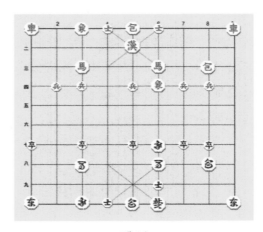

제4보

「제5보」부터는 ⑲ 이하로 각기 안궁부터 서둘렀는데 ㉔까지로 일단
락을 본 이 신포진에서는,

① 卒의 중앙 집결

② 양 包의 一~三선
   (十八선) 분담
③ 대 車에 의한
   적극적 완화(緩和)
④ 균형의 유지
 등을 볼 때 견실(堅實)
을 위주로 한 소극적 경향
이 없지 않지만, 따라서 안
전을 우선으로 한 보수주
의(保守主義) 포진의 대표

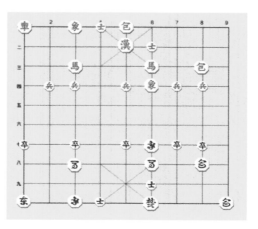

제5보

형으로, 전문 기사 간에 특히 유행되고 있으며 앞으로도 장기의 「룰」
이 변치 않는 한 기간 포진으로써의 자리를 잃지 않을 것입니다.

 제5보에서
 ⑲ 十4 楚·士 九5
 ⑳ 二5 漢·將 一6
 ㉑ 七7 楚·卒 六7
 ㉒ 一4 漢·士 二5
 ㉓ 七3 楚·卒 七4
 ㉔ 一5 漢·包 一7

 제6보로 무난히 포진이
형성됩니다.

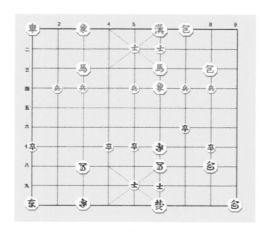

제6보

변화 一형

「제1도」에서 ③은 농포(弄包)에 의해 주도권(主導權)을 잡으려는 목적으로 급소를 찌른 수인데, 四1 漢·兵이 피하면 楚·包도 왼편 漢·車를 씌워 꼴이 사납게 되니 이를 반항한 ④가 시도해 볼 만한 재미나는 수단입니다.

⑤⑥의 필연적인 코스를 지나 楚는 兵 하나를 때린 죄로 ⑦의 우형(愚型)을 면할 길이 없으며, 四7 楚·包의 다리를 끊을 겸 八1 楚·馬를 노리는 漢의 농포 공세를 받게 됩니다.

그러나 楚에게는 ⑨라는 비상수단이 있어 왼쪽 楚·馬를 구하면서 동시에 八7 漢·包를 몰아넣어 포진이라기보다 오히려 중판의 냄새를 풍기는 급격(急激)한 전국(戰局)으로 유도(誘導)했으니 정상 포진 없이 직접 전투를 맞게 되는 특별 케이스의 하나입니다.

제1도에서

① 十7 楚·馬 八6

② 一7 漢·馬 三6

③ 八2 楚·包 八7

④ 三2 漢·包 八2

⑤ 八7 楚·包 四7 兵
　　때림

⑥ 三8 漢·包 三1

⑦ 十2 楚·馬 八1

⑧ 八2 漢·包 八7

⑨ 八6 楚·馬 六7

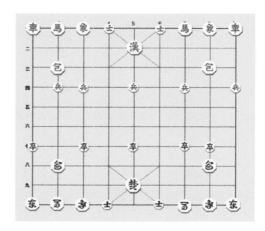

제1도

이어 「제2도」에서 주도권을 쥔 漢이 ⑩에 의해 ⑪의 응수를 약속한 것은 ⑫라는 뒤 수를 생각했기 때문인데, 여기서 만약 일반화된 기리(棋理)에만 따라 四7 楚·包로 四3 漢·兵을 때렸다가는 三9 漢·包 三5 장군으로 楚·車가 떨어지게 되니 조심해야 합니다.

따라서 ⑯까지의 부득이한 경과를 밟아 「제3도」까지의 일단락을 봤는데 여기까지의 상호 이해관계를 따져보면 첫째, 楚·包 대 漢三兵이라는 조각의 비교가 적으나마 漢측의 손해를 말하고 있지만 다른 조각의 배진(配陣)을 볼 때 漢면相 대 楚·馬를 피할 길이 없는 한 楚측이 불리하다는 종합적인 결론을 맺고 싶습니다. 그러나 이 정도만으로 楚측의 패국(敗局)을 단정할 수는 없고 이후의 중반 운영(中盤運營)이 승패의 관건이 될 것입니다.

제2도에서

⑩ 三1 漢·包 三9

⑪ 十9 楚·車 四9 兵
    때림

⑫ 四5 漢·兵 四6

⑬ 九5 楚·將 九4

⑭ 四6 漢·兵 四7 包
    때림

⑮ 四9 楚·車 四7 兵
    때림

⑯ 一8 漢·象 三5

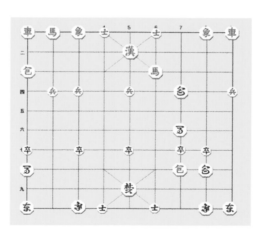

제2도

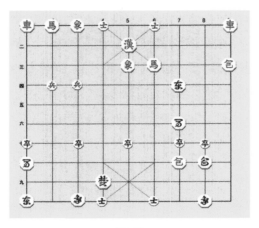

제3도

변화 二형

다음 「제1도」는 「변화 一형」중 ③까지 진행된 단면도(斷面圖)인데, 楚가 八7 包로 四7 漢·兵을 때리는 강경책(强硬策)을 보류하고 귀馬를 곁으로 돌려보면 어떤 결과가 생기느냐 하는 문제입니다. 漢은 ②가 요령인데, 楚는 여기에서 漢·兵을 놓아 둘 수가 없어 ③을 단행하고 따라서 벌어지는 제 2二의 변화를 검토해 보겠습니다.

여기서도 농포의 주도권을 쥔 漢이 ④⑥으로 楚·車를 위협하는데서 四7 漢·包의 돌아갈 여유를 주지 않으며 다른 이득을 꾀하게 됩니다.

제1도에서
① 八6 楚·馬 九4
② 八2 漢·包 二2

③ 八7 楚·包 四7 兵
　　때림
④ 三8 漢·包 三1
⑤ 十2 楚·馬 八1
⑥ 三1 漢·包 三9

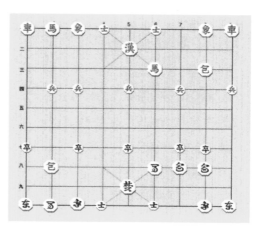

제1도

「제2도」의 ⑦은 「변화 一
형」때와 비슷하지만 ⑦의
응수가 근본적으로 다를 뿐
만 아니라 「제3도」를 볼 때
「十선」상의 楚·馬·車가
한때 견제당하기는 했지만
楚·包 하나로 漢三兵을 얻
은 다소간의 이득이 있어
피장파장으로 볼 도리밖에
없습니다.

　따라서 楚의 처지로써는
이 코스를 따르는 편이 옳
을 줄 압니다.

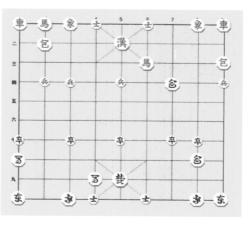

제2도

　그런데 수순 중 ⑥을 ⑧
부터 먼저 하면 四7 楚·包 十7의 묘착(妙着)이 있어 그때 三1 漢·包
三9로 楚·車를 씌우더라도 七8 楚·卒 七9로 항거하는 수단이 성립된다
는 것을 참고적으로 덧붙여 둡니다.

제2도에서

⑦ 十9 楚·車 四9 兵
　　때림

⑧ 四5 漢·兵 四6

⑨ 十8 楚·象 八5

⑩ 四6 漢·兵 四7 包
　　때림

⑪ 四9 楚·車 四7 兵
　　때림

제3도로

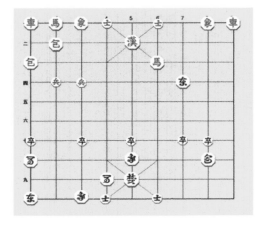

제3도

변화 三형

다음 「제1도」는 「변화 一형」 중 「제2도」와 똑같은 장면인데, 그때는 漢이 三1 漢·包 三9를 선행(先行)했었지만 여기서는 ①로 면兵을 썼었을 때의 변화와 그 결과의 이해 상관을 따져보겠습니다.

②와 ③은 그 길밖에 없으며, 이어 ④⑥이 ⑦⑧의 馬·包대를 강조한 필수적인 주문이고 보니 「제2도」가 보여주듯이 漢·包 二兵과 楚·包·馬가 상쇄됐는데, 즉 楚·馬가 漢二兵보다 기물의 통용 가치에서 약간 손해를 보고 있는 만큼 「변화 一형」의 결과인 楚·包 대 漢三兵보다 불만인 것만은 사실입니다. 하지만 두 경우가 다 漢에 의해 유도되기 때문에 어쩔 수 없는 일입니다.

제1도에서

① 四5 漢·兵 四6

② 四7 楚·包 四3 兵
　　때림

③ 四2 漢·兵 四3 包
　　때림

④ 十9 楚·車 九9

⑤ 一8 漢·象 三5

⑥ 九9 楚·車 九7

⑦ 八7 漢·包 六7 馬
　　때림

⑧ 七7 楚·卒 六7 包
　　때림

제2도와 같은 결과가
됩니다.

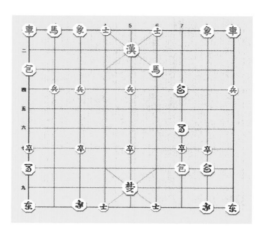

제1도

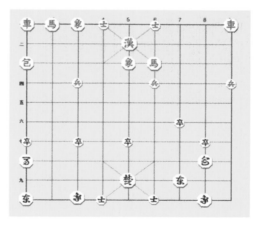

제2도

변화 四형

이것은 신포진의 정상 수순이 ⑨까지 진행된 단면도(斷面圖)입니다.

여기서 漢은 象부터 四6으로 나서는 것이 정수인데 전초진(前哨陣)부터 확장할 욕심으로 四7 漢·兵을 五7로 받은 데서 의외의 사고가 생기는데, 楚측에서 이 「양車 합세」 작전의 요령을 모르고 있으면 상대편의 과욕(過慾)이 그대로 통해서 오히려 楚측이 부당한 역경에 빠지게 되는 일이 많습니다.

즉 이때에는 ②가 묘착이어서 漢은 속수무책(束手無策) ⑥까지를 당해 漢·兵 하나를 아무런 대가 없이 죽이게 됩니다.

초심자 간에는 흔히 兵 하나쯤의 희생을 상사로 여기는 분이 많은데, 하기야 작전상의 우위(優位)라는 대가라도 있다면 모르지만 이 경우는 그로 인해 오히려 대세에 뒤떨어질 우려마저 있습니다.

제1도에서

① 四7 漢·兵 五7
② 十1 楚·車 九1
③ 一8 漢·象 四6
④ 九5 楚·將 十5
⑤ 三5 漢·包 一5
⑥ 九1 楚·車 九9

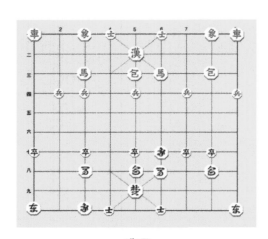

제1도

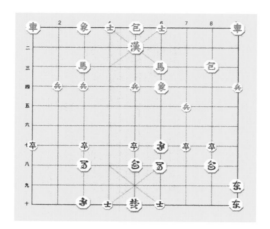

제2도

변화 五형

「제1도」는 「포진 一형」의 ⑩까지 진행된 「제3보」와 같은 국면(局面)인데, 다음 초(楚)의 정상 수순(十6 楚·士 九6)을 한때 보류하고 일견 급소로 보이는 ①을 강행했을 때 벌어지는 일막극(一幕劇).

②에 대해서 ③의 응수가 불가피한 것은 ①의 의지를 관찰하기 위해서입니다.

이때 漢은 ④로 동문서답을 할 수밖에 없으니 四7 漢·兵이 四8로 피하더라도 七6 楚·象의 저격 대상(狙擊對象)이기 때문에 다른 방향에서 대상을 구한 것이며, 「제2도」의 ⑥이 내포하고 있는 기수(鬼手)는 ⑧과 관련하여 뜻밖의 풍운이 일어납니다.

제1도에서

① 八5 楚·包 八7

② 四5 漢·兵 四4
　　장군

③ 九5 楚·將 九4

④ 一3 漢·象 四5

제2도에서

⑤ 七3 楚·卒 七2

⑥ 一1 漢·車 五1

⑦ 八7 楚·包 四7 兵
　　때림

⑧ 四6 漢·象 七8 卒
　　때림

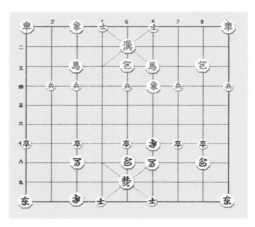

제1도

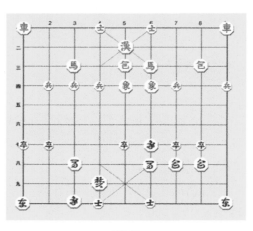

제2도

즉「제2도」를 볼 때 ⑨
를 포기하면 漢의 면象으
로부터 九7 楚·卒이 올라
갈 테니 정당한 방위를 했
지만 ⑩과 ⑪을 문답한 다
음 ⑫가 급소이기 때문에
楚의 馬·包 중 하나는 버려야 할 파국(破局)으로 유도되고 말았습니다.
　「제4도」는 극단적인 결과를 표시한 데 불과하고 실전에서는 ⑨에서 四7
楚·包 八7로 돌아오게 되겠지만 이어 七8 漢·象이 四6으로 제자리에 오더
라도(이때 면象으로 七7 楚·卒을 때리면「참고도」와 같은 결과가 되니 야

단이 납니다.) 七7 楚·卒의 고립, 七1과 七2 양 卒의 무능 궁성(宮城)의 우형(愚型) 등 전면적인 부조화로 대세가 불리한 결과밖에 아무것도 아닙니다.

제3도에서

⑨ 七7 楚·卒 七8 象
　　때림

⑩ 五1 漢·車 五7

⑪ 四7 楚·包 十7

⑫ 五7 漢·車 八7

제4도와 같은 결과가
됩니다.

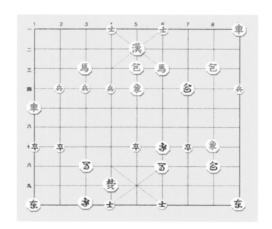

제3도

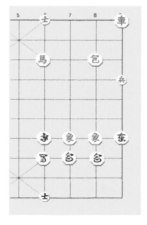

참고도

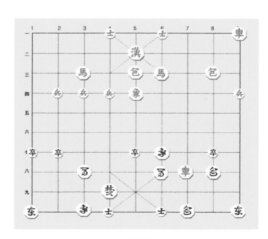

제4도

변화 六형

「변화 五형」에서는 楚측의 기대가 너무나 어긋났었는데, 그러면 「포진
一형」에서 ⑪⑫가 진행된 다음, 즉 「제1도」에서 ①을 감행하면 어떤 결과
가 생길까?

漢은 ②의 항거 수단이 있었습니다.

여기서 楚·車가 대車를 피한다면 모양으로 보아 지독한 굴복이니
「제2도」의 ③④는 지당한 교환이며, 이어 楚는 양득(兩得=둘잡이)을
할 양으로 ⑤를 서슴지 않을 것입니다. 물론 漢의 馬길이기 때문에 즉
시 양득을 할 수는 없지만 「제3도」의 ⑦이 일견 묘착(妙着)이어서 당
초에 楚가 ①을 시도한 이유가 바로 여기에 있었던 것입니다.

제1도에서

① 八5 楚·包 八7

② 四9 漢·兵 四8

제2도에서

③ 十9 楚·車 一9 車
　　때림

④ 一5 漢·包 一9 車
　　때림

⑤ 七6 楚·象 四8 兵
　　때림

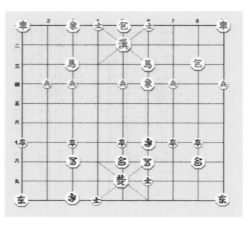

제1도

제3도에서

⑥ 四7 漢·兵 四8 象 때림

⑦ 八7 楚·包 三7

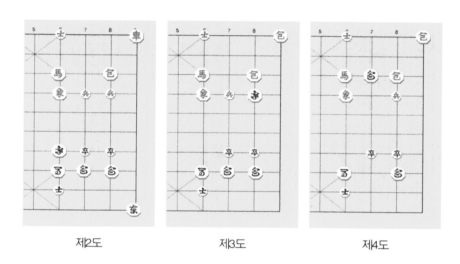

제2도   제3도   제4도

그리고 楚는 깊은 수를 여기까지 보고 멋있게 양득을 실현할 수 있게 된 만족감으로 잠시 도취되겠지만 그 뒤에는 ⑧⑩이라는 함정이 있었습니다. 따라서 결과적으로 이번 변화에서는 楚측이 楚·象 대 漢·兵이라는 조각의 손실을 자초했을 뿐 아무런 소득이 없었습니다. 만약 ⑨에서 楚가 양득을 강행하면 「참고도」와 같이 楚양包 중 하나의 희생만을 반드시 당하게 되니 주의하십시오.

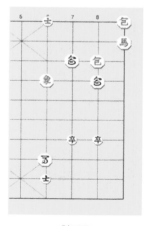

참고도

그런데 이 ⑧⑩은 56년도 「제2회 승단
전」 때 모 기사에 의해 새로 발견된 수로 그
전까지는 楚의 함정 수단으로 알려져 있었습
니다.

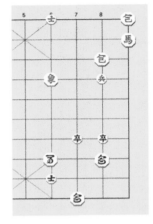

제4도에서

⑧ 三6 漢·馬 一7

⑨ 三7 楚·包 十7

⑩ 一7 漢·馬 二9

변화 七형

여기 또 하나의 재미나는 변화 수단이 있습니다. 즉 「포진 一형」이
⑪까지 진행되었을 때(제1도) 漢이 정상 수순(三5 漢·包 一5)을 바꾸어
①을 선행한 경우 楚는 ④의 서반 공세를 목적으로 ②의 사전 공작부
터 선행(先行)했는데 漢은 조차불리(早車不利)의 격언을 무릅쓰고 ③의
구병 수단을 강구했습니다. 과연 어떻게 구해질 것인가?

⑥의 응수로써 卒을 안으로 합하면(七1 楚·卒 七2) 一3 漢·象 四1로
양득을 당하니 부득이합니다. 이때 ⑦로 죽이는 수가 맹랑한 간계라는
것을 그리 쉽게 발견하기가 어렵습니다.

제1도에서

① 一6 漢·士 二6

② 七7 楚·卒 六7

③ 一1 漢·車 五1

④ 八5 楚·包 八7

제2도에서

⑤ 五1 漢·車 五3

⑥ 七3 楚·卒 七2

⑦ 四7 漢·兵 五7

⑧ 八7 楚·包 五7 兵 때림

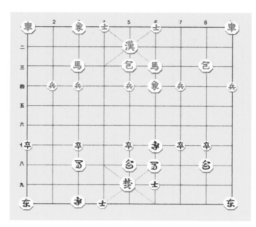

제1도

「제3도」의 ⑨는 과연 절묘한 수순입니다. 이때 만약 八6 楚·馬로 그 象을 때리면 五3 漢·車가 八3 楚·馬를 치게 되니 그 자체의 교환만도 손해이거니와 이어 九6 楚·士 八6으로 八8 楚·包를 구할 때 八3 漢·車가 六3으로 올라서게 되니 그 후의 손해가 또한 말이 아

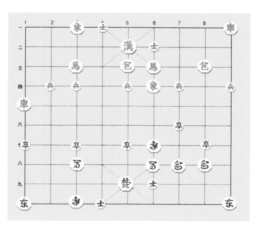

제2도

닙니다. 따라서 楚는 ⑩으로 包부터 구했는데 ⑪로 약점을 선공(先攻)받게 되니 ⑫⑬에 따라 楚·馬 한 필을 공납(貢納)하게 되었습니다.

「제4도」의 결과를 볼 때 楚·馬와 漢·兵이 상쇄(相殺)되었으니 앞으로 뒤돌아가 楚가 시도한 ②④는 무리한 책략임이 판명되었습니다.

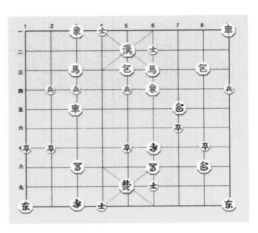

제3도

제3도에서

⑨ 四6 漢·象 七4

⑩ 五7 楚·包 十7

⑪ 三5 漢·包 三1

⑫ 八3 楚·馬 九1

⑬ 七4 漢·象 九1 馬

    때림

제4도와 같은 결과가 됩니다.

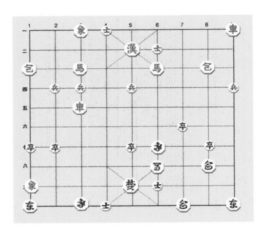

제4도

2. 포진 二형 귀馬 대 귀馬(구포진)

「포진 一형」(신포진) 때와 같이 「제1보」는 馬·象의 배치를 병행식(並行式)으로 출발합니다.

①②에서는 신포진 때와 같이 각기 車길을 틀 겸 전초선(前哨線)을 강화하기 위해 卒·兵부터 썼었는데, ③에서는 신포진 때와는 달리 반대편 馬부터 출동합니다. 대개 면상 포진인 경우에만 오른편 馬부터 나아가는 것이 상례입니다.(「뒤馬 대 면象」과 「면상 포진」란 참조)

특히 구포진에서 알아야 할 것은 「제2보」의 ⑪인데, 즉 卒을 왼쪽으로 쓸고 면으로 象이 나아가 두필의 象이 나란히 서는 점이 특색입니다.

제1보에서(수순)

① 七9 楚·卒 七8
② 四1 漢·兵 四2
③ 十7 楚·馬 八6
④ 一2 漢·馬 三3
⑤ 八8 楚·包 八5

제2보에서

⑥ 一7 漢·馬 三6
⑦ 十2 楚·馬 八3
⑧ 三8 漢·包 三5
⑨ 十8 楚·象 七6
⑩ 一8 漢·象 四6

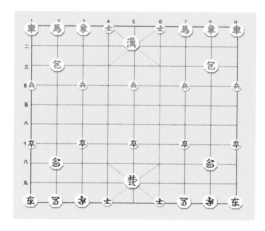

제1보

⑪ 七5 楚·卒 七4

외곽선(外廓線)으로 兵을 내 쓴 ⑫도 신포진에서는 상상하기 어려운 점인데, 여기서는 七6 楚·象을 고립시키기 위해서 이루어진 상대적 현상이며, 七6 楚·象은 후반전에서 한때 九9로 쫓겼다가 적당한 기회에

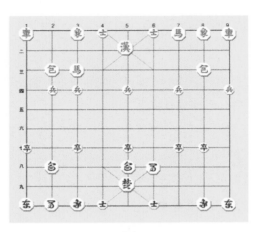

제2보

六7로 뛰어 漢의 면包를 위협하는 실례를 많이 볼 수 있습니다. 또한 신포진에서는 귀包의 신속한 처리를 위해 將이 비틀어졌었는데, 여기서는 그럴 필요가 없으며 안궁(궁단속)의 선후 수쯤은 바꾸더라도 괜찮으니 심각성이 적은 점을 가리켜 빠르기를 최상으로 하는 현시대의 풍조와 동떨어졌다고 할는지요.

제3보에서

⑫ 四7 漢·兵 四8

⑬ 七7 楚·卒 六7

⑭ 一9 漢·車 一7

⑮ 七8 楚·卒 六8

제4보에서

⑯ 三2 漢·包 三4

⑰ 十3 楚·象 七5

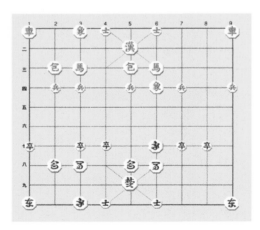

제3보

⑱ 二5 漢·將 一5

⑲ 八2 楚·包 八4

⑳ 一6 漢·士 二5

㉑ 十6 楚·士 九6

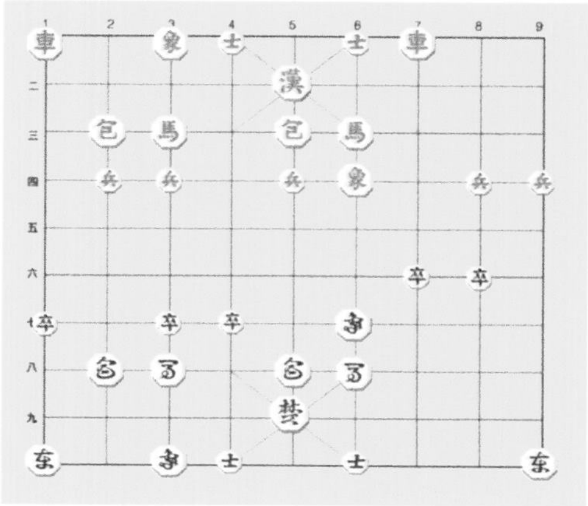

제4보

「제5보」의 ㉒는 훌륭한 선수입니다. 즉 ㉓의 응수를 빠트렸다가는 四6 漢·象이 七4 楚·卒을 때릴 테니까 말입니다.

그리고 이하 ㉚에 이르기까지 별다른 곡절 없이 운반과 이동의 행렬만이 계속되는데 신포진과 비교할 때 좀 지루한 감이 없지 않습니다. 여기서 신포진과 대조하자면,

㉠ 양象의 중앙 집결

㉡ 양車의 공존(共存)

등이 눈에 띄고 더욱 신포진이 조직을 중시한 데 대해 구포진에서는 배열(配列)을 위주로 하고 있다는 이념적인 차이를 볼 수가 있습니다.

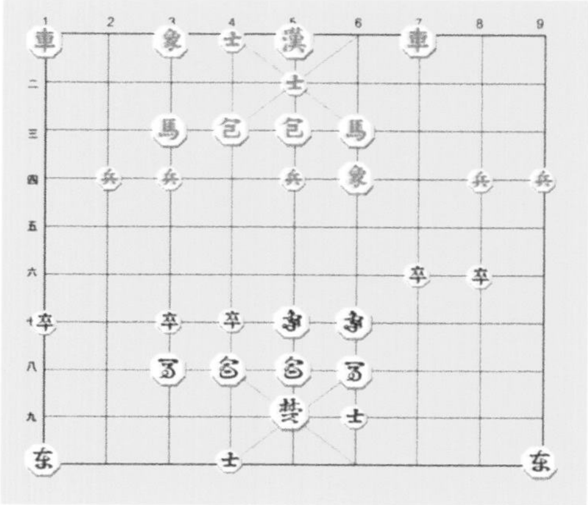

제5보

제5보에서

㉒ 三4 漢·包 —6

㉓ 十9 楚·車 七9

㉔ 一4 漢·士 二4

㉕ 九5 楚·將 十5

㉖ 四3 漢·兵 四4

㉗ 十4 楚·士 九5

㉘ 一3 漢·象 四1

㉙ 七1 楚·卒 七2

㉚ 一1 漢·車 一3

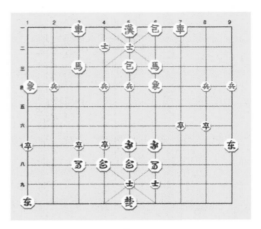

제6보

변화 —형

구포진(舊布陣)에서는 경우에 따라(대국자의 취미로)「제1도」의 ①
로부터 ⑦까지에서 보는 바와 같이 서로 똑같은 코스를 밟을 때가 많
습니다. 그러나 포진상 특별한 의미가 있는 것은 아니고 잠정적(暫定
的) 형태가 ⑧과 같이 楚·車의 발동을 촉구(促求)하고 있을 뿐입니다.
(초심자 간의 실전에서는 흔히 있는 국면)

이어 ⑨로 漢·象의 멱을 터서 楚·車를 달라고 할 때 아마 도로 후퇴
할 사람은 없을 것이고 따라서 ⑭까지의 자연스러운 행로를 밟게 마련
입니다만 실은 漢에 의해 楚·車가 유인(誘引)되고 있음이 분명합니다.

제1도에서

① 一7 漢·馬 三6

② 十7 楚·馬 八6

③ 三8 漢·包 三5

④ 八8 楚·包 八5

⑤ 四1 漢·兵 四2

⑥ 十8 楚·象 七6

⑦ 一8 漢·象 四6

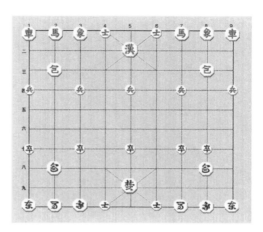

제1도

하기야 「제3도」의 漢진 깊이 들어간 楚·車의 위치가 상대편의 약점이요 급소임에는 틀림이 없지만 워낙 포진 초기라 원군과의 거리가 머니 독불장군격으로 별다른 성과를 얻지 못한 채 일단 漢의 그물 안에 빠지고 말았습니다.(격언에 조차불리(早車不利)라는 말이 바로 이것입니다.)

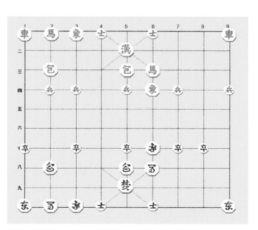

제2도

이어 「제3도」의 수순을 밟아 「제4도」와 같이 楚·車의 거동이 완전히 봉쇄된 다음에는 이미 때가 늦었습니다. 설사 왼쪽으로 한발을 옮기더라도 漢·包가 五2로 넘으니 소용이 없습니다.

하늘이 무너져도 솟아날 구멍이 있다 하니, 楚·車를 구할 길을 찾아 봅시다. ⑱에서 八5 楚·包 三5 장군, 二5 漢·士 三5 包 때림, 二3 楚·車 三3 馬 때림, 三5 漢·士 二5 三3 楚·車 二3 四5 漢·兵 五5 八2 楚·包 八9 一9 韓·車 一7 八9 楚·包 八1 一1 漢·車 一2 二3 楚·車 二1의 혈로(血路)가 있습니다.

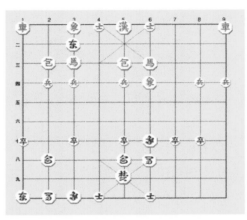

제3도

제2도에서
⑧ 十9 楚·車 六9
⑨ 四7 漢·兵 四8
⑩ 六9 楚·車 六7
⑪ 一2 漢·馬 三3
⑫ 六7 楚·車 二7 장군
⑬ 二5 漢·將 一5
⑭ 二7 楚·車 二3

제3도에서
⑮ 三5 漢·包 三8
⑯ 七5 楚·卒 七4 장군
⑰ 一6 漢·士 二5
⑱ 十3 楚·象 七5
⑲ 四5 漢·兵 五5
제4도로

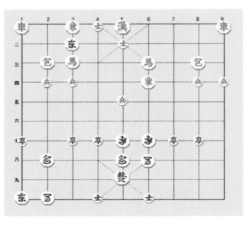

제4도

변화 二형

「변화 一형」 때와는 정반대로 車가 일찍 출동했다가 이(利)를 보는 실례를 하나 소개하겠습니다.

즉 「포진 二형」의 ⑩까지 진행된 판국 「제1도」에서 「변화 一형」에서처럼 楚·車가 출동을 서둘렀는데, 물론 궁단속을 먼저 하는 것이 정수임은 더 말할 나위조차 없습니다만 ④로 인해 사소한 약점이 보였기에 「제2도」의 ⑤로 응수를 물은 것이 사건의 발단입니다.

이때 漢은 四2 漢·兵을 四3으로 합하는 것이 모양이 사나워서 漢·車로 지켰지만 楚에게는 ⑦의 간계(奸計)가 있습니다.

제1도에서

① 十9 楚·車 六9

② 三2 漢·包 三4

③ 八2 楚·包 八4

④ 四3 漢·兵 四4

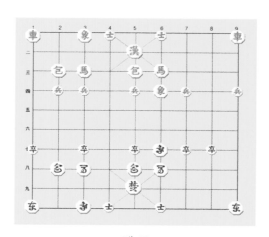

제1도

제2도에서

⑤ 六9 楚·車 六3

⑥ 一1 漢·車 三1

⑦ 七6 楚·象 四4 兵
　　때림

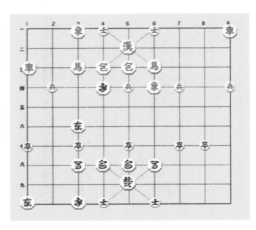

제2도

「제2도」에 이어 ⑧은 필
연적인 경과인데 그로 인해
면줄(5선)에 약점이 생겨 ⑨
의 절호점(絶好點)을 당하게
됩니다.

　여기서 漢이 면包를 구하는 방도로는 ⑩의 휼기지책(恤機之策)이 있을 뿐
이지만, 따라서 漢·車 대 楚·包가 불가피합니다.

　다음의 「참고도」는 車·包대의 경유를 나타낸 것입니다.

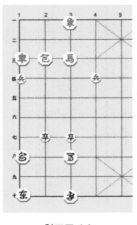

참고도 (1)

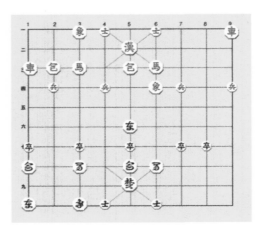

제3도

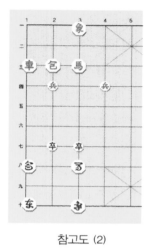
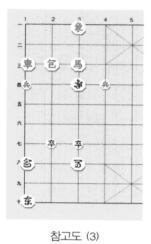

참고도 (2)　　　　　　　　　참고도 (3)

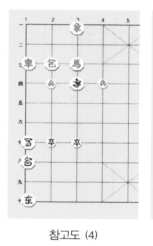
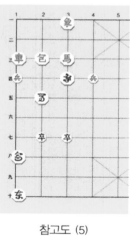
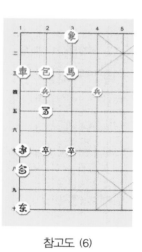

참고도 (4)　　　　　참고도 (5)　　　　　참고도 (6)

3. 포진 三형 귀馬 대 귀馬(대각형)

楚·漢 간에 馬·象의 위치를 서로 대각선상에 배치한 점이 포진 一·
二형과 근본적으로 다른데, 아마 독자 여러분께서는 이 기본 배치형이
가장 낯익은 포진이라고 믿고 있으리라 생각합니다만 전문 기사 간에
서는 이 포진을 사용한 예가 극히 드뭅니다.

「제1보」로 눈을 돌려 볼 때 기본 배치가 상사형(相似型)인 탓으로 ⑥까
지의 수순도 역시 상사형, 그러나 「제2보」의 ⑦에 대해 漢·象도 四로 맞서
나오면 까닭 없는 대象의 가능성을 마련하는 데 불과하기 때문에 코스가
달라지기 시작했습니다.

제1보에서

① 七9 楚·卒 七8

② 四1 漢·兵 四2

③ 十7 楚·馬 八6

④ 一3 漢·馬 三4

⑤ 八8 楚·包 八5

⑥ 三2 漢·包 五5

제2보에서

⑦ 十8 楚·象 七6

⑧ 一8 漢·馬 三7

⑨ 十2 楚·馬 八3

⑩ 四5 漢·兵 四6

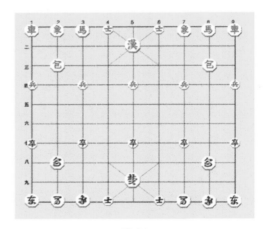

제1보

이 포진이 전문 기사 간
에 성행되지 못하는 이유
는 첫째, 피차 포진상의 이
해관계 없이 무의미한 象
대로 인해 기물을 낭비하
는 것은(漢·象도 四4로 나
오는 것이 악수가 아니며,
포진상으로는 마땅히 나와
야 할 텐데 일단 나오기만
하면 象대는 시간문제니까)

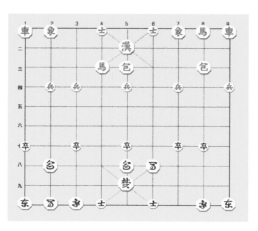

제2보

원래 각기 열여섯 개씩의 조각이 주어졌을 때 그 조각 전부를 가장 유
효적절(有效適切)하게 활용하라는 무언(無言)의 사명에 어긋나기 때문
이며 둘째, ⑮까지를 지능경기(知能競技) 아닌 조각의 운반이라고 생각
하기 때문입니다.

「제4보」에서 ⑱을 빠트리
면 漢·車가 六7로 들어섰을
때 四9 漢·兵을 四8로 모을
수가 없어 둘잡이를 당하게
됩니다.

제3보에서
⑪ 七5 楚·卒 七4

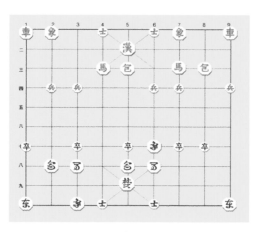

제3보

⑫ 一7 漢·象 四5

⑬ 十3 楚·象 七5

⑭ 三8 漢·包 三6

⑮ 八2 楚·包 八4

제4보에서

⑯ 一1 漢·車 三1

⑰ 十9 楚·車 六9

⑱ 一9 漢·車 三9

⑲ 十6 楚·士 九6

⑳ 二5 漢·將 一5

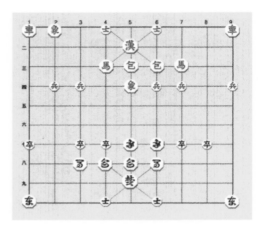

제4보

「제5보」의 역순(逆順)은 안궁과 양包의 분담 과정을 표시하고 있는데 이 점은 「포진 一~二형」과의 공통점이며 비단 귀馬 포진뿐만 아니라 장기의 모든 포진에 있어 준수(遵守)해야 할 기간 요소(基幹要素)일 것입니다.

「제6보」까지로 비교적 단조롭게 일단락이 된 이 포진의 경과를 살펴볼 때 「포진 二형」(구포진)과 흡사하며, 앞으로 벌어질 작전상의 포인트는 四3밖에 갈 곳이 없는 漢·象을 둘러싸고 피차 전초선의 확장(擴張) 이동 등이 있을 것이며, 주로 車를 중심으로 하는 전면전으로 확대(擴大)될 것입니다.

제5보에서

㉑ 八4 楚·包 十6

㉒ 一6 漢·士 二5

㉓ 九5 楚·將 十5

㉔ 一4 漢·士 二4

㉕ 十4 楚·士 九5

㉖ 三6 漢·包 一4

제6보로

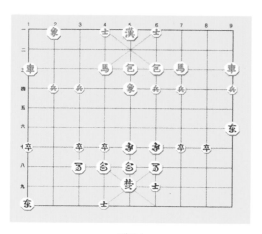

제5보

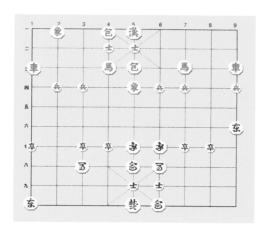

제6보

변화 一형

「제1도」는 「포진 三형」에 ⑮까지 진행된 단면도(斷面圖)인데, 그 다음 수순(一1 漢 一2)을 변경해서 ①로 출동하는 속공(速攻)의 변화를 해부(解剖)해 보았습니다.

「제1도」의 수순에서는 ⑤와 ⑥으로 각기 車길을 튼 점이 포진상의 요령입니다.

여기서 漢·車가 一1로 이동해 오면 어차피 ⑦의 응대가 불가피하니 ⑧에 의한 양득을 무릅쓰고 漢·象부터 진출한 것이 기수(奇手). 이어 양득을 당한 다음 漢·包로 楚의 귀馬를 때린 것이 대기했던 간계(奸計)의 제一도입니다.

제1도에서

① 一1 漢·車 五1

② 七1 楚·卒 六1

③ 五1 漢·車 五7

④ 十9 楚·車 十7

⑤ 四9 漢·兵 四8

⑥ 六1 楚·卒 六2

제2도에서

⑦ 一2 漢·象 四4

⑧ 七6 楚·象 四4 象
　　때림

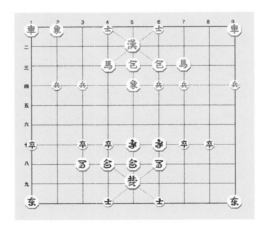

제1도

⑨ 四3 漢·兵 四4 象
　　때림

⑩ 八4 楚·包 四4 兵
　　때림

⑪ 三6 漢·包 八6 馬
　　때림

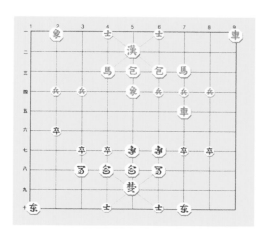

제2도

「제3도」에 들어와 漢·包를 때리기는 했지만 楚·將의 자리는 ⑬에 따라 우형(愚型)이 되므로 불안하게 되었습니다.

五7 漢·車의 앞장군(외통)을 피하기 위해 ⑭로 변통했으나 九9 漢·車 八9장군으로 楚·馬가 떨어지는 것은 고사하고 ⑮⑰의 절묘한 수순 다음에 ⑲의 급수(急手)로 楚의 면包가 갈 길을 잃게 됩니다.

지난 수순 중 ⑭로써 八5 楚·包를 八7로 뛰는 수도 생각해 볼만한 방편이지만 보다 못한 결과가 될 테니, 독자 여러분께서 여러 가지로 변화를 검토해 보십시오.

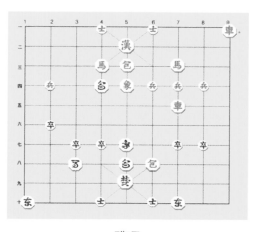

제3도

제3도에서

⑫ 九5 楚·將 八6 包 때림

⑬ 一9 漢·車 九9

⑭ 八5 楚·包 六5

⑮ 五7 漢·車 五6
　　장군

⑯ 八6 楚·將 八5

⑰ 五6 漢·車 五4

⑱ 四4 楚·包 六4

⑲ 五4 漢·車 五5

제4도로

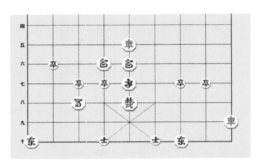

제4도

변화 二형

「변화 一형」에서 楚도 車를 출동시켜 맞서보면 어떻게 될까?

②는 분명히 급소였지만 ④의 둘잡이를 허락한 채 ⑤로 또 하나의
車길을 텄습니다.

「제2도」에서 ⑥은 불가피한 응수였고, 이때 서슴지 않고 漢의 귀馬를
때리는 데서 「수」가 납니다. 즉 ⑧로 꼬이게 된 漢·將을 이용하는 데 우선
⑨의 앞장군부터 부르는 것이 요령이며, 四4 漢·象을 때리는 것은 평탄하
기는 하지만 기리(棋理)가 못됩니다.

제1도에서

① 十9 楚·車 六9

② 五1 漢·車 五7

③ 七1 楚·卒 七2

④ 四5 漢·象 七7 卒
　때림

⑤ 十1 漢·車 二1
　장군

제2도에서

⑥ 一4 漢·士 二4

⑦ 八4 楚·包 三4 馬
　때림

⑧ 二5 漢·將 三4 包 때림

⑨ 六9 楚·車 六4 장군

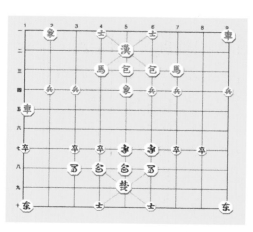

제1도

「제3도」의 ⑩은 최선의 응수. 이때 七8 楚·卒로 七7 漢·象을 때리면 四6 漢·兵을 면으로 쓸게 되는데, 楚의 면包로 그 漢·兵을 때리지 못하니까(漢의 귀包로 楚의 귀馬를 때리는 수가 있음) 별무소득(別無所得). 따라서 ⑪이 합리적인 급수로 대두된 것입니다.

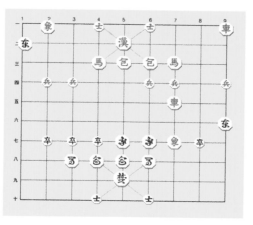

제2도

그러나 漢에게는 ⑫의 강경한 대비책이 있어 ⑬⑭의 대車가 성립되었지만 「제4도」 이후의 귀추를 추측해 볼 때 漢·兵이 五7로 올라오는 수는 楚의 귀馬가 요소에 진출할 수 있게 되니 환영할 일입니다. 이쪽에서도 卒을 六4로 받을 수가 있고 당장에 楚의 면 象으로 四7 漢·兵을 치는 수가 있어 유리하다고 할 것입니다.

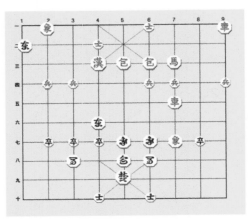

제3도

제3도에서

⑩ 一2 漢·象 四4

⑪ 七6 楚·象 四4 象 때림

⑫ 五7 漢·車 五4

⑬ 六4 楚·車 五4 車 때림

⑭ 七6 漢·象 五4 車 때림

⑮ 四4 楚·象 六7

제4도로

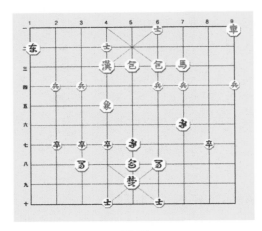

제4도

4. 포진 四형 귀馬 대 면象

「제1보」에서 馬·象의 위치를 볼 때 「포진 一~二형」(귀馬 대 귀馬)
과 조금도 다른 점이 없으나 그 수순에 있어 ④와 같이 漢의 반대편
馬부터 나온 것을 보면 곧 면象 포진임을 짐작할 수가 있습니다. 더 나
아가 ⑥으로 농포(弄包)가 시작되었을 때는 벌써 면象의 구체적 단계인
것입니다. 한편 楚로써는 漢이 어떤 포진을 하건 자기 포진에만 충실하
면 선착의 효력만 가지고도 충분히 대항할 수가 있는 것입니다.

그런데 여기서 특히 주의해야 할 것은, 漢의 농포를 包로 대항하지
말고 되도록 漢보다 빨리 포진을 완성하겠다는 의식을 잃어서는 안 됩
니다.

그러기 위해서는 楚·包를 「포진 一~二형」에서 드러나 있는 요소 이
외의 곳으로 왔다 갔다 하는 수순의 낭비가 없어야 합니다.

제1보에서

① 七9 楚·卒 七8
② 四1 漢·兵 四2
③ 十2 楚·馬 八3
④ 一7 漢·馬 三6
⑤ 八2 楚·包 八5
⑥ 三2 漢·包 三7

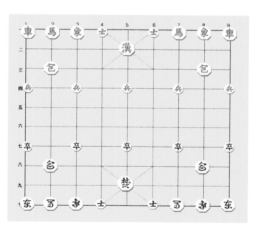

제1보

제2보에서

⑦ 十7 楚·馬 八6

⑧ 三7 漢·包 三1

⑨ 七1 楚·卒 七2

⑩ 一3 漢·象 四1

⑪ 十3 楚·象 七1

⑫ 一2 漢·馬 二4

⑬ 七3 楚·卒 七4

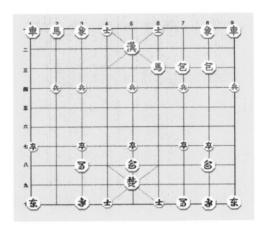

제2보

후수 면象을 구상하고 있는 漢으로써는 ⑭부터가 안궁의 적절한 찬스이며 ⑱은 농포의 요령인데, 여기서 楚는 ⑲로 참아야지 지금 곧 馬가 六4로 정처 없는 여행을 떠났다가는 반드시 부담만을 가져오게 될 것입니다.

한편 후수 면象에 있어서는 농포를 전제(前提)로 하는 楚귀馬의 처리가 두통거리인데, 마땅히 나아가야 할 「콧등馬」의 위치(五5)가 불안전한 까닭입니다.

「제4보」에서는 楚도 궁단속을 서두르는 것이 매우 중요합니다.

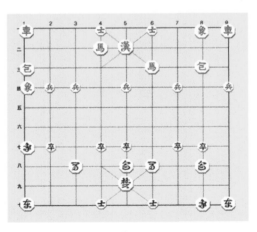

제3보

제3보에서

⑭ 二5 漢·將 一5

⑮ 十8 楚·象 七6

⑯ 一4 漢·士 二5

⑰ 十6 楚·士 九6

⑱ 三8 漢·包 三3

⑲ 十1 楚·車 八1

제4보에서

⑳ 一8 漢·象 三5

㉑ 八5 楚·包 十5

㉒ 一6 漢·士 二6

㉓ 九5 楚·將 十6

㉔ 一1 漢·車 二1

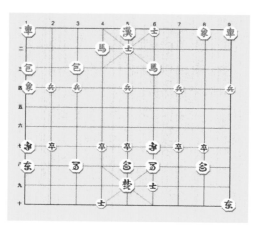

제4보

「제5보」의 수순에서 보는 바와 같이 楚는 양包의 부자유스러운 자태(姿態)를 풀어주는 것이 무엇보다도 긴요합니다.

漢은 면象 바로 앞에 있는 양兵이 제일의 관문(關門)이며 다음으로는 큰 조각을 모체(母體)로 보호 유대(保護紐帶)되고 있는 전초병(前哨兵)들을 전국적인 균형에 맞추어 가며 중앙으로 합세해야 하는데, 그 시기가 너무 빠르면 四9 漢·兵과 四1 漢·象의 고립이 큰 약점이 되는 수가 많습니다.

「제6보」에서 楚진을 살펴볼 때 왼쪽 馬·車가 부자연스러우니 이것만을 조속히 처리할 수 있다면 만족스러운 포진이라 하겠습니다.

제5보에서

㉕ 十4 楚·士 九5

㉖ 一1 漢·車 二1

㉗ 十5 楚·包 十7

㉘ 四7 漢·兵 五7

㉙ 八8 楚·包 八5

㉚ 四3 漢·兵 四4

㉛ 十7 楚·包 十2

㉜ 四2 漢·兵 五2

제6보로

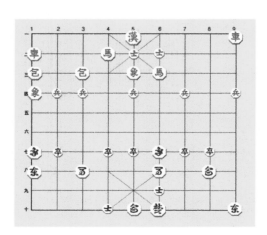

제5보

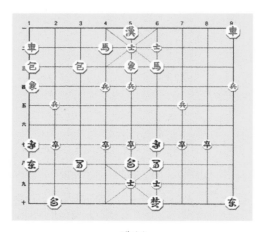

제6보

변화

「제1도」는 「포진 四형」의 수순이 ⑤까지 진행된 일시적인 상태인데, 정상적인 다음 수순은 면包부터 마련하는 것이 옳은 것을 ①의 선공(先攻)은 어떠냐는 동호인(同好人) 여러분의 질문이 많았기에, 이후의 변화를 소개합니다.

漢은 ②가 최선이며 최강의 반발인데, 그에 대한 ③의 소득이 불법(不法)이냐 하는 결론은 두고 보기로 하고, 어쨌든 「제2도」의 ⑨까지를 차근차근 밟은 다음에 ⑩을 행사(行使)해야 합니다.

제1도에서

① 八2 楚·包 八7

② 三2 漢·包 八2

③ 八7 楚·包 四7 兵
   때림

④ 三8 漢·包 三1

⑤ 七1 楚·卒 七2

⑥ 一3 漢·象 四1

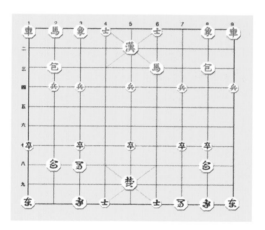

제1도

제2도에서

⑦ 十1 楚·車 十2

⑧ 八2 漢·包 五2

⑨ 八8 楚·包 八2

⑩ 四5 漢·兵 四6

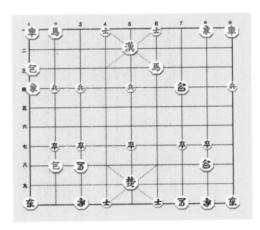

제2도

여기서 다음에 일어날 복잡하고도 미묘한 변화의 끝을 속속들이 읽어낼 수 있다면 면卒을 七4로 써어 박장군을 부르면 해결이 될 테지만 초판부터 박장군을 부르기도 쑥스럽고 그렇다고 면의 楚·包가 八7로 달아났다가는 三1 漢·包가 三9로 넘어 楚·車를 씌울 때 十9 楚·車로 四9 漢·兵을 때릴 도리밖에 없는데, 이어 참고도와 같이 漢·包로 면장군을 불러 楚·車가 떨어지기 안성맞춤이니 부득이 「제3도」의 코스를 밟아 봤으나 그 결과는 漢양兵 대 楚·包라는 조각의 손실이 있었을 뿐입니다.

제3도에서

⑪ 四7 楚·包 四3 兵

때림

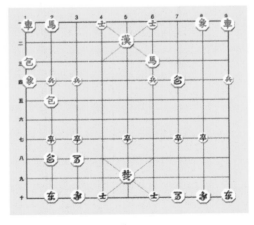

제3도

⑫ 四2 漢·兵 四3 包
　　때림
⑬ 八2 楚·包 八5
　　장군
⑭ 一8 漢·象 三5
⑮ 七2 楚·卒 七1
⑯ 四3 漢·兵 四2
⑰ 十2 楚·車 六2
제4도로

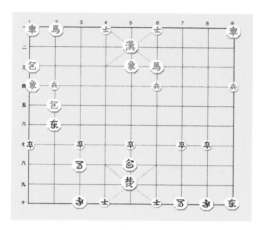

제4도

5. 포진 五형 귀馬 대 원앙馬

「제1보」의 기본 배치를 보면 楚·馬의 위치는 지금까지와 다른 점이 없지만, 한편 漢에 있어서는 馬·象이 상사형(相似型) 배치를 한 점이 곧 눈에 띕니다.

漢의 이 배치로는 원앙마(鴛鴦馬)나 양귀象의 두 가지 포진을 구상할 수가 있는데, 선수 측인 楚가 특히 주의해야 할 점은 ①이 「포진 四형」까지와는 반대인 왼쪽 卒부터 썼다는 점인데 그 이유는 漢이 오른편 兵을 四8로 합하더라도 장차 楚의 오른쪽 馬·象이 八6~七6으로 각각 진출할 것이 정수입니다. 그때 七7 楚·卒을 七8로 쓰면 七6 楚·象으로부터 둘잡이의 대상이 되기 때문에 漢은 다시 四8 兵을 四9로 돌아가야 할 것입니다. 따라서 ①이 정수인 것입니다.

한편 원앙馬 포진에서는 兵들을 좌우로 양분(兩分)하고 馬를 四5로 나아가게 하는 것이 특징인데, 즉 좌우 양馬가 서로 직접 유대(直接紐帶)되어 원앙새처럼 짝을 짓게 되기 때문에 원앙馬라는 이름이 붙은 모양입니다.

제1보에서

① 七1 楚·卒 七2

② 一2 漢·馬 三3

③ 十2 楚·馬 八3

④ 三2 漢·包 三5

⑤ 八2 楚·包 八5

⑥ 四5 漢·兵 四6

⑦ 七3 楚·卒 七4

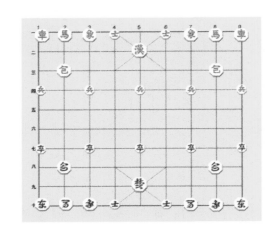

제1보

「제2보」의 ⑧은 일단 유사시에 뛰어나갈 수 있는 비상구(非常口)의 마련이며 ⑨가 ⑧의 의도를 견제한 수단이니 적당한 시기에 漢·車가 四2로 나와 다시 오른쪽으로 돌아갈 수 있는 여지(餘地)를 갖고자 ⑩을 물색(物色)한 이 부근의 공방 시비(攻防是非)는 아마 초심 시절에는 얼른 이해가 안 되겠지만, 여기서 그 모양을 잘 기억하였다가 동수 사이의 실전에서 이용해 보시면 차츰 그 묘미와 이치를 알게 될 것입니다.

한편 楚측은 「귀馬 대 면象」에서도 강조(强調)한 일이 있지만, 상대편의 포진에 얽매이지 말고 재빨리 자기 포진을 서둘러야 합니다. 그리고 되도록 漢의 원앙馬 중 하나를 최대한으로 위협(馬대가 가능하면 그 시기를 잃지 말고)해서 전투기(戰鬪期)를 넘기 전에 원앙馬로써의 행세를 못하도록 방안을 세우는 것이 중요합니다. 그렇다고 지나치게 급히 서둘러 왼편 楚·馬가 六4로 잘못 나갔다가는 五3 漢·兵 五4로 봉변을 당하기가 일수이니 주의해야 합니다.

제2보에서

⑧ 一1 漢·車 一2

⑨ 七2 楚·卒 六2

⑩ 四3 漢·兵 五3

⑪ 十8 楚·象 七6

⑫ 一8 漢·馬 三7

⑬ 十7 楚·馬 八6

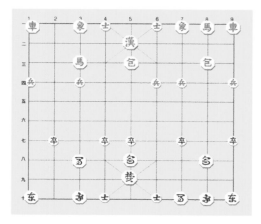

제2보

漢이 원앙馬를 형성하는 데 있어서 또 하나의 요점은「제3보」의 ⑭입니다.
즉 包의 다리 역할을 하고 난 왼쪽 馬가 나아가야지 반대로 오른쪽 馬부터 나왔다가는 오른편 漢·包를 처리하는 데 곤란을 겪어야 합니다. 이어 다음의 본격적인 전투를 대비하기 위해 궁단속을 서두르고, 또 양包의 一~三선 분담 등 다른 포진의 경우와 기리 원측(棋理原側)은 똑같습니다.「제4보」를 볼 때 피차 지금 곧 열전(熱戰)으로 들어가기에는 조각 배치의 불비(不備)가 마음에 걸리니, 어느 편에서 먼저 포진을 완성하고 다음의 주도권을 잡느냐 하는 것이 중요한 과제입니다.

제3보에서

⑭ 三3 漢·馬 四5

⑮ 七9 楚·卒 七8

⑯ 三8 漢·包 三6

⑰ 十6 楚·士 九6

⑱ 一4 漢·士 二4

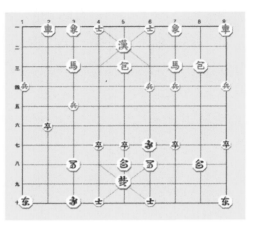

제3보

제4보에서

⑲ 十3 楚·象 七1

⑳ 四1 漢·兵 四2

㉑ 八5 楚·包 十5

㉒ 三6 漢·包 一4

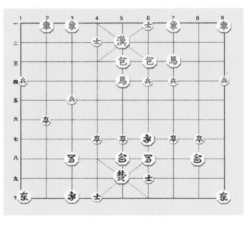

제4보

㉓으로 楚·將이 돌았을 때 만약 ㉔를 빠트리면 十5 楚·包 十7에 따라 四6과 四7의 양兵이 발을 묶이게 되며, 楚도 ㉕의 필수 조건을 생략하면 ㉖을 당했을 때 六6의 약점을 보강할 길이 없게 되고, 따라서 楚·象 대 漢·兵이라는 조각의 손실을 가져오게 됩니다. (㉔~㉗은 필수 요건)

이하 ㉚가지로 피차의 세력이 빈틈없이 대치(對峙)됐는데, 전 초진이 접선되고 있는 점이 이채롭지만 별다른 「수」가 없는 한 楚로부터 五7

漢·兵을 먼저 때릴 필요는 없습니다. 왜냐하면 六8에 남는 독졸(獨卒)
이 가치를 잃게 되며, 고립된 부담만이 남게 되기 때문입니다.

제5보에서

㉓ 九5 楚·將 十6

㉔ 四7 漢·兵 五7

㉕ 七8 楚·卒 六8

㉖ 四6 漢·兵 五6

㉗ 七7 楚·卒 六7

㉘ 二5 漢·將 一5

㉙ 十4 楚·士 九5

㉚ 一6 漢·士 二5

제6보로

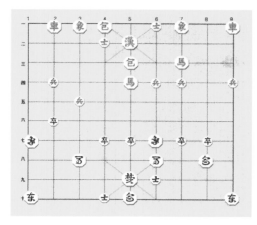

제5보

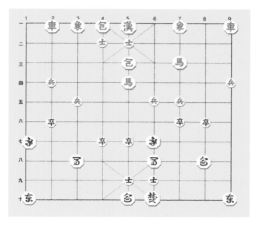

제6보

변화

　「포진 五형」의 「제2보」에서는 후수 원앙馬의 필수 수순으로 一1 漢·車 一2와 七2 楚·卒 六2를 문답(問答)했었는데, 만약 그 문답을 빠트린 채 일반 수순인 ①을 선행(先行)하면 어떤 결과가 생기는가를 연구해 보겠습니다. 일반화된 기리로 봐서는 ⑥의 조기 출마(早期出馬)를 무모(無謀)하다 했지만, 지금의 경우는 「수」가 성립되기 때문에 예외입니다. 그리고 양車가 건존(健存)한 초판에 있어서는 馬·包대를 包의 손해라고 보기 때문에 ⑨로 일단 피한 것입니다.

제1도에서

① 一8 漢·馬 三7
② 十8 楚·象 七6
③ 三3 漢·馬 四5
④ 十7 楚·馬 八6
⑤ 三8 漢·包 三6

제2도에서

⑥ 八3 楚·馬 六2
⑦ 四3 漢·兵 五3
⑧ 六2 楚·馬 四3
⑨ 三5 漢·包 一5
⑩ 七5 楚·卒 六5

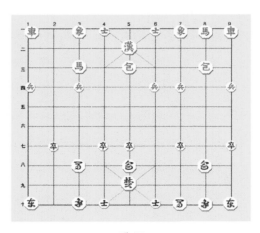

제1도

「제3도」의 ⑪⑬은 결코 원치 않을 형상인데다가 설 상가상으로 ⑭마저 선수로 당해야 할 쓰라림은 이루 말할 수 없습니다만, 앞으로 돌아가「제1도」①에서 一1 漢·車 一2를 태만한 죄로써 는 마땅한 결과인 것입니다.

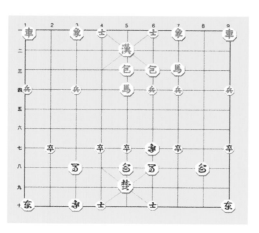

제2도

그 수습책으로는 ⑮와 ⑰이 있지만, 다만 국부적 (局部的)인 응수에 불과해 서 다음에 七7 楚·卒을 때릴 수 없는 불만을 감출 길이 없습니다.

만약 四5 漢·象으로 七7 楚·卒을 치면 十9 漢·車가 十7로 들어서며, 이어 그 漢·象이 四5로 뒤 돌아 갈 때 楚·車가 四7 漢·兵을 때리면 卒·兵대는 같지만 楚에게 완전히 주 도권을 빼앗기게 될 것입 니다.

제3도에서

⑪ 二5 漢·將 二6

⑫ 六5 楚·卒 五5

⑬ 四5 漢·馬 三3

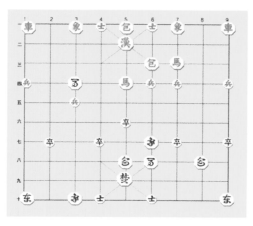

제3도

⑭ 七6 楚·象 五3 兵
　　때림

⑮ 四6 漢·兵 四5

⑯ 五5 楚·卒 四5 兵
　　때림

⑰ 一3 漢·象 四5 卒
　　때림

⑱ 五3 楚·象 七6
　　제4도로

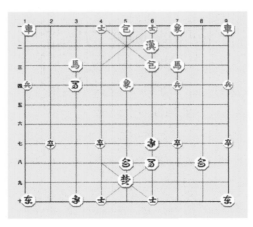

제4도

6. 포진 六형 귀馬 대 양귀象

　여기서 漢이 택한 양귀象 포진은 소요되는 수수(手數)가 너무 길어
서 실전적 이용 가치는 적지만 기본 포진 중의 한 형태이니 상식적으
로 알아두는 것이 옳겠다고 생각해서 삽입했습니다.

　「제1보」는 「귀馬 대 원앙馬」(포진 五형)의 포진이 거의 완성된 국면이
며, 이 상태로부터 다시 양귀의 포진이 시작됩니다.

　①과 ③으로 양귀象의 틀이 짜이기 시작했는데, 실전에 있어서는 간
혹 지금의 상태인 외귀象만으로 그저 전투가 벌어지는 예를 볼 수가
있습니다.

제1보에서

① 一6 漢·士 二6

② 十4 楚·士 九5

③ 一7 漢·象 三4

④ 十5 楚·包 十7

⑤ 四1 漢·兵 五1

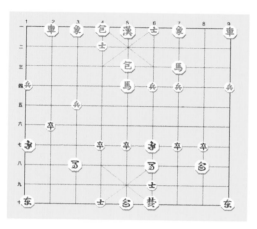
제1보

여기에 이르러서는 楚의 귀馬 포진이 완전무결하게 형성되었기 때문에 전초진의 확장을 위한 시비쯤 해볼 만도 하지만, 漢으로써는 楚에게 ⑧⑩의 두 수(二手)만을 허용하면 ⑦과 ⑪로 초지(初志)대로 양귀象의 포진을 관철(貫徹)할 수가 있습니다.

특히 양귀象의 경우 ⑨는 중요한 포인트로, 다른 포진 때보다 「면」이 약하기 때문에 四5 漢·馬를 보충한다는 첫째 목적과, 둘째로는 車가 기능을 발휘하기 위해서는 「제 四선」이 절대 필요한 요선(要線)인 까닭입니다.

여기서 현황을 살펴볼 때 四6과 四7의 두 漢·兵이 어딘지 옹색해 보이는데, 그 까닭은 漢의 양馬와 귀象의 「멱」이 자기 조각으로 막혀 있기 때문이며, 그 옹색함을 피하기 위해서는 이후 十7 楚·包가 왼쪽으로 넘을 때 四6 漢·兵을 五6으로 받고 나서 다시 四7 漢·兵마저 五7로 받아 전초선을 충돌시켜야 한다는 요령만을 기억하고 있으면 됩니다.

제2보에서

⑥ 八8 楚·包 八5

⑦ 一4 漢·包 一6

⑧ 七7 楚·卒 六7

⑨ 一2 漢·車 四2

⑩ 七8 楚·卒 六8

⑪ 一3 漢·象 三6

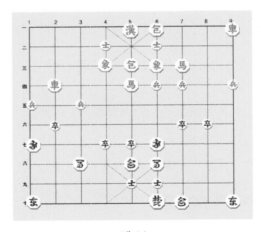

원앙馬 포진 때와는 달리 漢측에서 馬대를 두려

제2보

위하지는 않지만 楚로써는 조각의 편중(偏重)을 풀기 위해 ⑧을 강행하고 ⑫에 이르러 六2 楚·卒과 새로운 조직을 맺었으며 또한 왼쪽 車의 기능을 살린 데 그 의의(意義)가 있습니다.

이어 ⑯까지로 제2단계의 포진도 무난히 완료되었는데, 앞으로는 卒과 兵에 의한 애 싸움의 경과에 따라 전국적인 작전을 세울 수밖에 없으며 쥐도 새도 새어 나갈 틈바구니가 없습니다.

제3보에서

⑫ 十7 楚·包 十2

⑬ 四2 漢·車 四1

제3보

⑭ 八3 楚·馬 六4

⑮ 四5 漢·馬 六4 馬
　　때림

⑯ 七4 楚·卒 六4 馬
　　때림

⑰ 二6 漢·士 二5

⑱ 七1 楚·象 九4

⑲ 四6 漢·兵 四5

⑳ 十9 楚·車 七9

㉑ 四7 漢·兵 四6

㉒ 七5 楚·卒 六5

제4보로

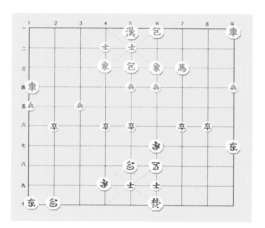

제4보

7. 포진 七형 귀馬 대 양귀馬

「제1보」에서 漢이 차려 놓은 馬·象의 기본 배치를 볼 때 양馬가 양귀로
나올 수 있다 해서 양귀馬 포진이라고 합니다.

이 양귀馬는 비교적 초판의 변화가 많으며, 楚측에서 자칫 수순을 틀
렸다가는 四4와 四6으로 나와 있는 漢의 양象 때문에 봉변을 당하게
됩니다.

그리고 다른 포진에서는 선수를 가진 楚가 車의 진로(進路)부터 마
련하고 漢·兵을 고립시키기 위해 오른쪽 卒부터 쓸었지만, 漢이 양귀馬
인 경우는 四3과 四7 漢·兵을 밖으로 내 쓸 가능성이 많기 때문에 ①
③에서 우선 면包를 서둘러 漢·兵의 거동을 살펴가면서 ⑤와 같이 선

수의 의미를 갖고 卒을 움직여야 합니다.

제1보에서

① 十2 楚·馬 八3

② 四9 漢·兵 四8

③ 八2 楚·包 八5

④ 四7 漢·兵 四6

⑤ 七1 楚·卒 七2

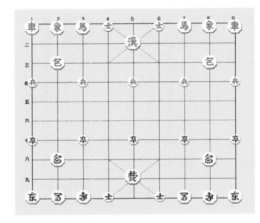

제1보

앞에서 말한 선수의 의
미, 즉 ⑤는 기수(鬼手)였
습니다. 만약 ⑥에서 漢·象
이 四4로 나오면 楚의 면包를 六5로 넘겨 장군할 때 漢·將이 좌우간에
돌아가야 하는데, 이어 오른쪽 楚·包로 八1까지 건너가면 漢·車가 피하
더라도 楚·包가 뒤넘어 장군하는 바람에 四1 兵이 희생됩니다.

⑦이 급한 이유는 양귀馬 포진을 대항하는 골자(骨子)로써 漢·兵을
四2로 합한 후에는 七3의 양卒이 결박된 채 이용을 당하게 되는 까닭
입니다.

여기까지로 초판부터 시작되었던 卒·兵의 시비가 일단락되었고, 따라
서 漢은 ⑧⑩⑫로 본격적인 큰 조각의 이동으로 포진의 윤곽을 잡았으
며, 楚도 ⑨로 漢·象이 四4로 나올 것을 견제하는 등 포진의 막바지에
이르렀습니다.

제2보에서

⑥ 一1 漢·車 二1

⑦ 七2 楚·卒 六2

⑧ 一3 漢·馬 三4

⑨ 十8 楚·象 七6

⑩ 一7 漢·馬 三6

⑪ 十7 楚·馬 八6

⑫ 三2 漢·包 三5

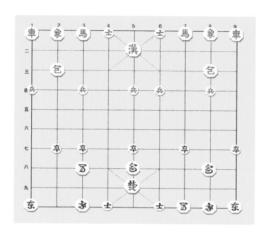

제2보

卒을 밖으로 몰아붙인

⑬이 기리(棋理)는 아니지만 ⑮의 뒤 수를 중요시한 대국적 착상(大局的着想)이고 ⑯은 이른바 「콧등兵」이라는 요소로 양귀馬로써는 무시못 할 관문입니다. 楚도 어복(魚腹=중앙)을 강화하고 나니 「제4보」에 이르러서는 안궁만이 급선무이며 ⑳으로 나선 漢·象에 대해서 아무런 위협을 받지 않은 채 양包의 처리만을 기다리고 있습니다.

제3보에서

⑬ 七7 楚·卒 七8

⑭ 四8 漢·兵 四7

⑮ 十9 楚·車 十7

⑯ 四5 漢·兵 五5

⑰ 七3 楚·卒 七4

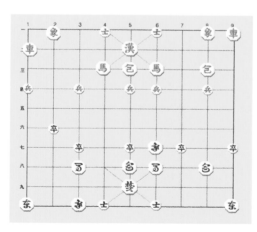

제3보

제4보에서

⑱ 一4 漢·士 二4

⑲ 十6 楚·士 九6

⑳ 一2 漢·象 四4

㉑ 九5 楚·將 十6

㉒ 二5 漢·將 一4

㉓ 十4 楚·士 九5

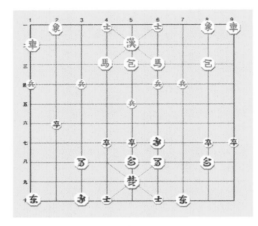

제4보

따라서 漢은 「제5보」의
㉔㉖㉚으로, 또 楚는 ㉗㉙
로 각기 包의 「제 一선」(十선) 배치를 기(期)했는데, 거의 포진이 완성
된 「제6보」에서 조각 간의 조직과 균형을 살펴보면 車 하나씩은 앞이
트여져 있고 또 하나씩의 車 앞은 막혀 있으니, 똑같은 형상 馬와 包도
피차 동위(同位)입니다. 그러나 七6 楚·象이 四4 漢·象에 의해 얻어맞
을 수 있는 수로 된 대신 楚의 안궁이 한발 앞서고 있으니 큰 조각들
은 전체적으로 동격(同格)이며 卒·兵에 있어서 전초선을 이룬 五5와
五6 兵이 한발씩 올라섰지만 왼쪽 兵이 고립되어 漢·楚 간 꽉 짜인 포
진입니다.

제5보에서

㉔ 三5 漢·包 三7

㉕ 十7 楚·車 十9

㉖ 三7 漢·包 五7

㉗ 八8 楚·包 六8

㉘ 一9 漢·車 二9

㉙ 六8 楚·包 十8

㉚ 五7 漢·包 一7

㉛ 十9 楚·車 八9

㉜ 四6 漢·兵 五6

제6보로

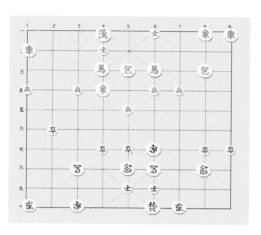

제5보

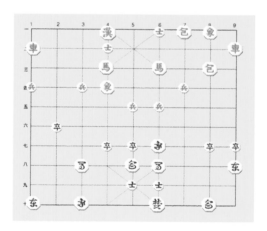

제6보

변화 一형

이 변화는 「포진 七형」, 「제2보」의 ⑥(一1 漢·車 二1)에서 漢·象이
四4로 나왔을 때의 후환(後患)을 구체적으로 도해(圖解)한 것입니다.

「제5도」를 볼 때 卒·兵대이니 국부적으로는 별게 아니지만 다음을 보면
四3 漢·兵이나 七2 漢·象의 구명책(救命策)도 막연하거니와 무엇보다도
漢·將의 위치가 불안합니다.

도해 수순
一2 漢·象 四4
八5 楚·包 六5 장군
二5 漢·將 二4
八8 楚·包 八1
一1 漢·車 一2
八1 楚·包 八4 장군
四4 漢·象 七2 卒
때림
十1 楚·車 四1 兵
때림
제5도로

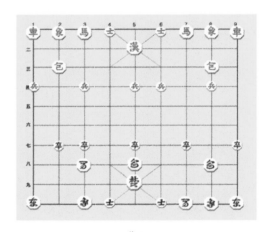

제1도

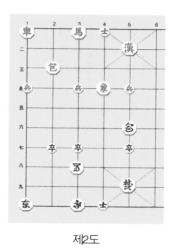

제2도

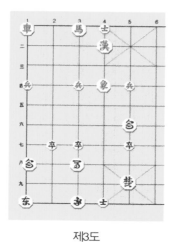

제3도

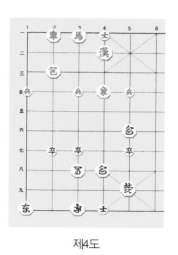

제4도

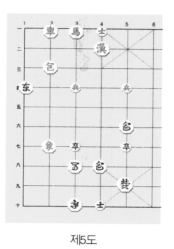

제5도

변화 二형

이번엔 「포진　七형」의
⑦에서 楚가 품은 모함을
도해했는데, 「제1도」에서
①의 장군에 대해 면兵을
四4로 막으면 무사 무난한
것을 漢이 ②의 속수(俗手)
로 응한 데서부터 사건이
시작됩니다.

하지만 「제2도」의　필연
적 코스를 밟아 「제3도」의

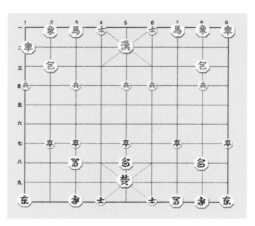

제1도

⑥을 보면 오히려 漢측에서 七2 楚·卒을 양득하려는 반발을 꾀하고 있
습니다.

도해 수순

① 八5 楚·包 六5 장군

② 二5 漢·將 二4

③ 八8 楚·包 八1

④ 四1 漢·兵 四2

⑤ 十7 楚·馬 八6

⑥ 一2 漢·象 四4

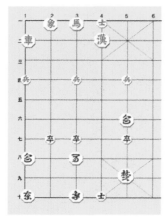

제2도

그러나 楚는 양득을 두려워하지 않고
「제4도」 이하의 코스를 밟았는데, 「제5도」에서 ⑩ 대신 兵으로 막으

면 七4 楚·馬가 五3 장군하는 바람에 七2 漢·象이 떨어지니…… 하지만 절묘한 ⑪에 대해 漢은 다만 ⑫의 응수가 있을 뿐인데, 바로 그 ⑫가 漢·馬의 멱을 막는 수라 ⑬으로 漢·車가 떨어진다는 맹랑한 단편극(短篇劇)입니다.

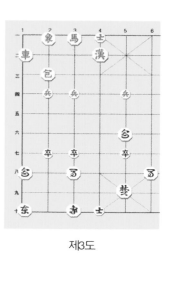

제3도

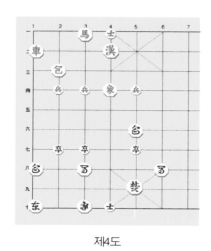

제4도

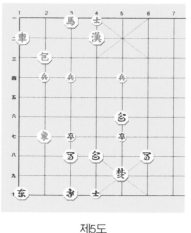

제5도

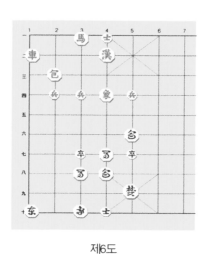

제6도

도해 수순

⑦ 八1 楚·包 八4 장군

⑧ 四4 漢·象 七2 卒 때림

⑨ 八6 楚·馬 七4 장군

⑩ 七2 漢·象 四4

⑪ 八4 楚·包 五4 장군

⑫ 四4 漢·象 一2

⑬ 十1 楚·車 二1 車 치고 장군

제7도로

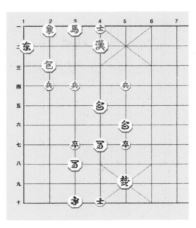

제7도

변화 三형

「제1도」는「포진 七형」
중「제4보」의 ⑲까지 진행
된 중간을「컷」한 국면이며,
다음의 정상 수순으로는 一2
漢·象이 四4로 나와야 할 텐
데 ①로 안궁을 서둘렀을 때
탈을 잡는 법을 도해했습니
다.

　이때는 ②가 급수인데,
만약 漢·兵을 四2로 몰면
「제2도」에서 八1 楚·包

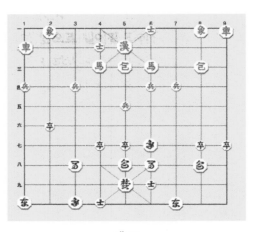

제1도

一1 장군으로 곤란하니까 ③이 불가피하지만 결국은 「제4도」와 같이 漢 진(陣)의 좌단(左端)이 무너지게 마련입니다.

도해 수순

① 二5 漢·將 一4

② 八5 漢·包 八1

③ 二1 漢·車 二3

④ 八1 楚·包 一1 장군

⑤ 一4 漢·將 二5

⑥ 十1 楚·車 四1 兵 때림

제4도로

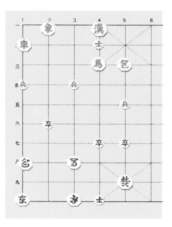

제2도

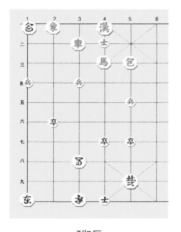

제3도

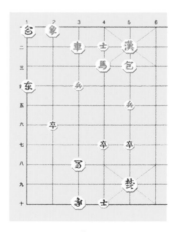

제4도

면象 포진

자금까지 연구해 온 선수 귀馬 포진이 안전주의(安全主義)를 제일로 한 소극적인 포진이라면, 여기서 검토할 선수 면象 포진은 농포를 중심으로 직접 전투를 유발(誘發)하는 산발적(散發的) 요소로 꽉 차 있어 귀馬 포진과는 정반대의 대조적(對照的)인 적극 포진이라 하겠습니다. 이때에도 馬·象의 기본 배치는 참고도와 같이 귀馬 포진 때와 다른 데가 없지만 그 진로(進路)가 전혀 달라 十7 楚·馬는 八6(귀馬) 六5(콧등馬)의 코스를 따르게 되고, 한편 十2 馬는 九4(곁馬)로 붙게 됩니다. 그리고 귀馬, 원앙馬, 양귀象, 양귀馬 등 다른 포진은 전부가 면包를 주안(主眼)으로 하지만, 이 면象 포진에서만은 八5를 象이 차지하고 농포의 다리 역할을 하게 되니, 그 象의 자리가 「면」인 탓으로 이른바 「면象」 포진이라 한 것입니다.

어쨌든 면象 포진은 주도권을 적극 장악함에 있어 판국의 교란을 자행하며 방어보다 공격을 위주로 하고 있으니, 견실(堅實)이라는 말과는 거리가 멀기 때문에 자기의 약점을 드러내기도 쉽습니다.

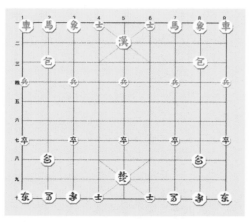

제1도

8. 포진 八형 면象 대 귀馬

선수(先手)인 楚는 무슨 포진을 구상(構想)할 때 기본 배치가 「제1보」의 병행식(並行式)인 때는 ①에 변함이 없습니다.

②는 四1 漢·兵을 四2로 쓰러뜨리는 수도 평범하지만 ④에 의한 면包를 서두른 국부 차중(局部置重)의 수단으로 실전에 많이 등장하고 있습니다.

그러나 ③까지의 수순만을 보고서는 귀馬 대 귀馬의 구포진(포진 二형 참조)인지 면象 포진인지를 분별할 수가 없지만 ⑤로 농포 시위(弄包示威)가 대두(擡頭)함으로써 면象임을 알게 됩니다.

제1보에서

① 七9 楚·卒 七8

② 一2 漢·馬 三3

③ 十7 楚·馬 八6

④ 三2 漢·包 三5

⑤ 八2 楚·包 八7

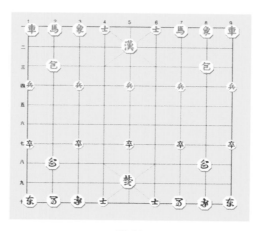

제1보

지금은 漢면 包의 다리가 둘이 되어서 면兵을 쓰며 장군하는 수단을 가지고 四7 漢·兵을 보호하고 있지만 앞으로 楚면 象이 나와 면의 다리가 두터워지면 四7 漢·兵을 처리하기가 곤란하기 때문에 ⑥의 대비책으로 이후 어느 때든 ⑩으로 구할 수 있는 여유를 가진 것입니다.

한편 楚가 ⑦⑨의 궁단속을 서두른 이유는 만약 면象부터 마련하면
漢이 면兵을 헤쳐 놓는 필연 수순 때문에 漢면 包에 의해 楚면 象이
결박되어서 궁단속할 기회를 놓치기 쉽습니다.

이어 ⑪은 농포의 상용(常用) 코스이며 이제부터 본격적인 농포전이
시작되려 합니다.

제2보에서

⑥ 一7 漢·馬 三6

⑦ 九5 楚·將 十5

⑧ 四1 漢·兵 四2

⑨ 十4 楚·士 九5

⑩ 四7 楚·兵 五7

⑪ 八7 楚·包 八1

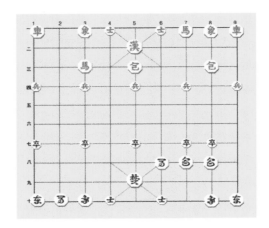

제2보

「제3보」 ⑬으로 격화(激
化)된 楚의 농포를 똑같이
包로 대항한다든가 또는 다른 변동을 했다가는 포진이 뒤떨어진다거나 또
는 왼편 전체가 꼬이기 쉬우니 ⑭의 응수가 가장 현명합니다.

⑰은 면卒을 보강하고 ⑲㉑의 위치를 원활하게 운영하려는 일련의
순서이며, 漢이 택한 귀馬 포진의 원리상 四3 漢·兵이 四4로 합해져야
할 것을 반대로 쓸게 한 ㉒의 부산(副產) 수득은 선착의 효력이라 하겠
습니다.

제3보에서

⑫　一3　漢·象　四1

⑬　八8　楚·包　八3

⑭　一1　漢·車　一2

⑮　七1　楚·卒　七2

⑯　一8　漢·象　四6

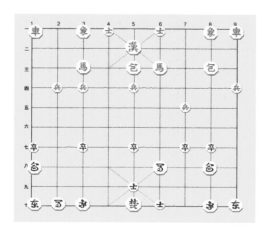

제3보

제4보에서

⑰　七7　楚·卒　七6

⑱　一6　漢·士　二6

⑲　十3　楚·象　七1

⑳　四5　漢·兵　四4

㉑　十2　楚·馬　九4

「제5보」에 이르러서는 포진의 후반기(後半期)니 언제 어디서 전투가 벌어질지 모릅니다.

즉 ㉓㉔㉕의 교환만 하더라도 전투의 냄새를 풍기는 마찰이지 포진의 필요 수순만은 아니며 ㉙로부터 ㉜에

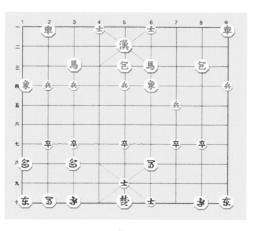

제4보

이르는 卒·兵대는 벌써 포진의 단계를 넘어섰다고 하겠습니다. 그런데 漢이 卒·兵대를 피해 ㉚에서 兵이 五6으로 돌면 六7 楚·卒 六6으로 따라가게 되고 여기서 卒·兵대를 하고 나면 곧이어 六6 楚·卒을 五6으로 받는

제1장 포진(布陣)　85

강수(强手)가 있어 四6 漢·象의 피신책(避身策)이 부담으로 남을 뿐입니다.

㉞까지로 기나긴 포진의 여정(旅程)을 마쳤는데, 楚의 「콧등馬」 자리에 「콧등卒」이 놓인 점이 다소 변질적(變質的)이지만 그대로의 가치가 있는 재미나는 포진입니다.

제5보에서

㉒ 三5 漢·包 一5

㉓ 七6 楚·卒 六6

㉔ 三3 漢·馬 四5

㉕ 六6 楚·卒 六5

㉖ 二5 漢·將 一6

㉗ 七8 楚·卒 七7

㉘ 四5 漢·馬 二4

㉙ 七7 楚·卒 六7

㉚ 五7 漢·兵 六7 卒
　　때림

㉛ 八6 楚·馬 六7 兵
　　때림

㉜ 四4 漢·兵 四5

㉝ 十8 楚·象 八5

㉞ 一4 漢·士 二5

제6보로

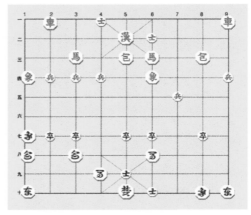

제5보

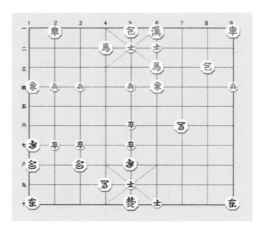

제6보

9. 포진 九형 면象 대 원앙馬

  기본 배치만 보고서는 楚의 포진을 귀馬로 볼 수도 있지만 ①③의 비약적(飛躍的)인 수순이 있고서는 면象 포진임을 감출 길이 없습니다.
  ④⑤로 兵·卒을 쓰는 수순이 다른 포진 때보다 늦은 것은 선수(先手)인 楚가 면象을 구상하고 ①부터 선행(先行)했기 때문이며, ①부터 서두른 이유는 ⑦에서 보는 바와 같이 농포에 의한 초판의 주도권을 잡으려는 속셈입니다.
  「제2보」의 ⑧⑩은 七1 楚·象이 四3 漢·兵을 때리더라도 四1 楚·象으로 七3 漢·兵을 같이 칠 수 있는 변화의 여지를 갖자는 후수의 권모(權謀)라고도 하겠습니다.

제1보에서

① 十7 楚·馬 八6

② 一2 漢·馬 三3

③ 八2 楚·包 八7

④ 四9 漢·兵 四8

⑤ 七1 楚·卒 七2

⑥ 三2 漢·包 三5

⑦ 八7 楚·包 八1

제2보에서

⑧ 四1 漢·兵 四2

⑨ 十3 楚·象 七1

⑩ 一3 漢·象 四1

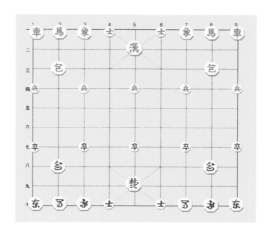

제1보

⑪ 十2 楚·馬 九4

⑫ 一8 漢·馬 三7

「제3보」⑬을 모른 척하
면 七1 楚·象으로 四3 漢·
兵을 때리는 수가 있으며,
⑭를 가지고 一3으로 피하
면 八8 楚·包 八3으로 결박
됩니다.

⑮는 ⑯⑱을 주문(注文)
한 청구서(請求書)로 ⑰의

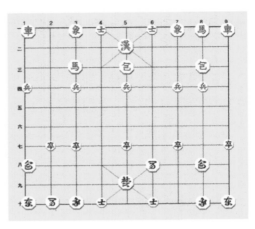

제2보

면상과 ⑲의 「콧등馬」를 실현(實現)하려는 포진상의 요령입니다.

이어 「제4보」에서 漢은 楚의 「콧등馬」를 제거(除去)하고 아울러 면
象의 앞을 붙이기 위해 ⑳ 이하 ㉔의 용병 작전(用兵作戰)을 서둘렀으
며, 그 견제책(牽制策)으로 ㉕가 대두(擡頭)했지만 마침내 卒·兵대로
일단락이 되었습니다.

이렇듯 면象에 대해서는 「콧등馬」라는 흉측한 존재부터 쫓아 두어야
만 후환(後患)이 없습니다.

제3보에서

⑬ 七3 楚·卒 七4

⑭ 一1 漢·車 一2

⑮ 八8 楚·包 八3

⑯ 四5 漢·兵 四6 장군

⑰ 十8 楚·象 八5

⑱ 三3 漢·馬 四5

⑲ 八6 楚·馬 六5

제4보에서

⑳ 四6 漢·兵 五6

㉑ 七7 楚·卒 七6

㉒ 五6 漢·兵 五5

㉓ 六5 楚·馬 七7

㉔ 四7 漢·兵 五7

㉕ 七6 楚·卒 六6

㉖ 五5 漢·兵 五6

㉗ 六6 楚·卒 五6 兵
   때림

㉘ 五7 漢·兵 五6 卒
   때림

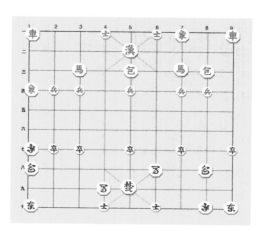

제3보

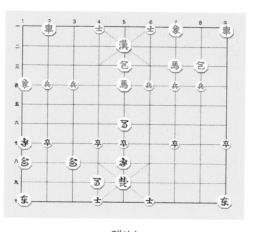

제4보

四5 漢·馬가 六6으로 급
소에 오기 전에 ㉙의 거궁
이 긴요한 것은 「수」를 예
방하기 위함과 동시에 지
금이 궁단속의 적절한 시
기이기 때문에 자동케이스라고 할 수 있겠습니다.

　漢측도 역시 궁단속의 때가 왔기 때문에 ㉞까지는 일사천리(一瀉千
里)이며 나머지 과제로는 피차 양包의 자리 찾기(位置安定)뿐인 것 같
습니다. 그러나 이런 단계까지 오게 되면 包의 위치에 구애(拘碍)되지

않고 그대로 전투에 돌입할 수 있습니다만 어느 한쪽이든 보수적(保守的)으로 짜고 조직만 있으면 일방적인 도전(挑戰)이 성립되지 않습니다.

제5보에서

㉙ 九5 楚·將 十5
㉚ 四8 漢·兵 五8
㉛ 十4 楚·士 九5
㉜ 二5 漢·將 一5
㉝ 十6 楚·士 九6
㉞ 一4 漢·士 二5

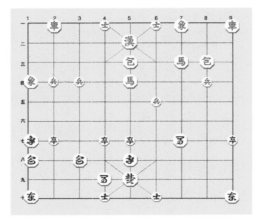

제5보

㉟와 ㊱은 각기 형태를 정리한 수습이며 ㊲㊳은 대개 그렇게 교환될 자리인 것이 만약 漢이 ㊳의 응수를 못해서 六2 楚·卒이 六3으로 집결(集結)하게 되면 대세(大勢)에 뒤떨어질 뿐만 아니라 八1 楚·包로 四1 漢·象을 때리기만 하더라도 四2 漢·兵이 四1 楚·包를 칠 수밖에 없는데, 이어 七1 楚·象이 四3 漢·兵을 먹고 장군한 다음 十1 楚·車로 四1 漢·兵까지 때리게 되면 조각상의 이해는 고사하고라도 漢의 좌진(左陣)이 우수수하고 무너져버리니, 비록 약한 卒이 한 발을 움직이는 일만 하더라도 그 때문에 변화되는 여러 가지 영향을 정확하게 살펴야 합니다.

제6보에서

㉟ 八3 楚·包 八6

㊱ 五8 漢·兵 五7

㊲ 七2 楚·卒 六2

㊳ 四3 漢·兵 五3

㊴ 八6 楚·包 十6

㊵ 三8 漢·包 三6

㊶ 十1 楚·車 十2

㊷ 一6 漢·士 二6

제7보로

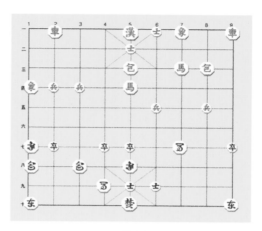

제6보

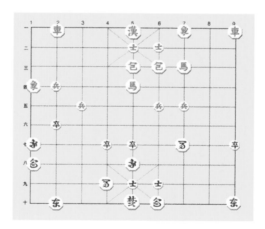

제7보

변화

바로 전 페이지의 「제6보」에서 ㊴까지 진행된 형국이 「제1도」인데, 여기서는 楚가 八1 楚·包로 四1 漢·象을 때리자고 「제2도」와 같이 쓸 때 귀包를 넘겨보는 수가 있습니다. 漢의 적당한 응수로써는 四5 馬 三3이 있을 뿐인데, 섣불리 四1 漢·象이 도망을 했다가는 「제4도」와 같이 난처한 입장에 놓이게 됩니다.

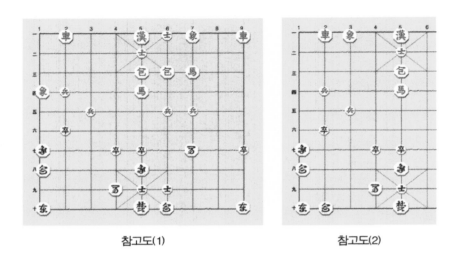

참고도(1)

참고도(2)

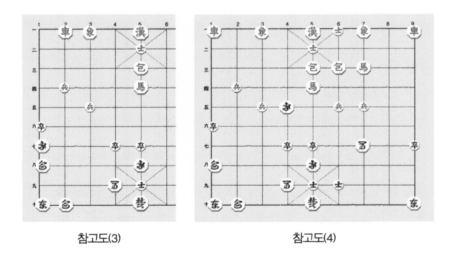

참고도(3)

참고도(4)

제2장 전투(戰鬪)(중반)

전장(前章)에서 연구한 포진이 형성(形成)되고 나면 곧 전투기(戰鬪期)로 옮겨집니다. 하지만 이것은 어디까지나 형이상(形而上)의 논리(論理)로 그 윤곽(輪廓)을 표시할 수 있을 뿐이지 현실에 있어서 어느 때를 「포진의 완성」이라 하고, 어느 때를 「전투의 시초(始初)」라고 할 수 있느냐를 구체적으로 따진다면 극히 모호(模糊)한 얘기가 되고 맙니다. 즉 포진 도중 상대편에 약점이 생겼다면 때를 놓치지 않고 재빨리 급격한 공세로 돌변하는 예가 얼마든지 있기 때문입니다.

더구나 포진이라고 하더라도 승부를 전제(前提)로 한 행동인 만큼 넓은 의미의 전투가 아니겠습니까?

이렇게 따지다 보면 장기 한판을 전부 전투라고 해도 마땅하겠지만, 전장에서도 말한 것과 같이 전투기란 상식적인 포진 단계를 지나 승패(勝敗)와 직결(直結)되는 적극적인 행마 시기(行馬時期)를 가리킨다고 말하면 대과(大過)는 없겠지요.

따라서 이 전투기의 범위는 매우 넓으며, 대개 이 전투기간 중에 승부가 나고 맙니다.

그리고 이 전투 기간에 이루어지는 형태는 천변만화(千變萬化)하기 때문에 포진 때와 같은 동류(同類)의 정형(定型)을 찾아 볼 수 없으니 그 전부를 일일이 예시(例示)해 가면서 검토한다는 것은 도저히 불가능한 일입니다.

그렇기 때문에 여기서는 이른바 「수」를 내는 시기라든가 조각을 죽여 이용하는 방법이라든가 또는 전단(戰端)을 버리는 착상(着想) 같은 것이 비교적 발생될 가능성이 많거나 유사 형태(類似形態)가 많은 형국(形局)을 예시하는 정도로 그치겠습니다.

그러나까 독자 여러분께서도 만에 한 번 있을까 말까한 부정형한 행태를 굳이 암기하려 애쓰지 말고, 「수」의 성립은 어떤 발단(發端)으로부터 어떤 과정을 밟아 어떤 결과가 생기느냐 하는 일련(一聯)의 「맥」만을 이해하시고 「수」에 대한 개념 향상(槪念向上)을 위주(爲主)로 연구하시기 바랍니다.

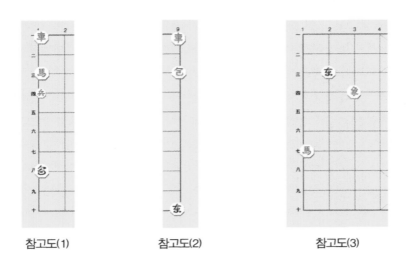

참고도(1)　　　　참고도(2)　　　　참고도(3)

그런데 「수」를 연구하시기에 앞서 특히 익혀두어야 할 것은 모양(배치된 형태)의 양악(良惡)을 잘 구분하는 것이며, 이긴다든가 남의 조각을 잡는다든가 하는 유형(有形)의 실리(實利)를 찾기 전에 어떻게 하면 자기의 조각들은 양형(良型)이 되게 하고 상대편의 배열(配列)을 우형(愚型)이 되게 하느냐 하는 점을 중시(重視)해야 할 것입니다.

예를 들자면, 「참고도 ①」과 같이 楚·包 한 조각에 의해 漢의 車·兵이 매여 있다거나 「참고도 ②」처럼 楚·車 하나로 漢의 車·包를 결박(結縛)한 것은 漢측의 우형(愚型)임이 너무나 석연하지만, 「참고도 ③」의 漢·馬(변으로 간 馬)에 대해서는 三2 楚·車가 七1로 누르더라도 四3 漢·象이 지키고 있으니까 괜찮으리라 생각하는 아마추어 기객(棋客)들이 많은데, 이것 역시 우형 중의 하나인 것입니다.

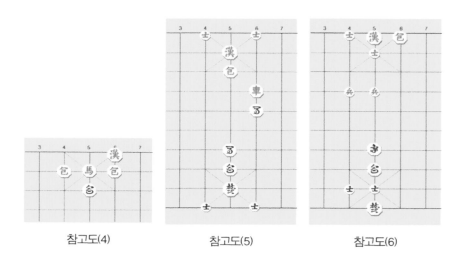

참고도(4) 참고도(5) 참고도(6)

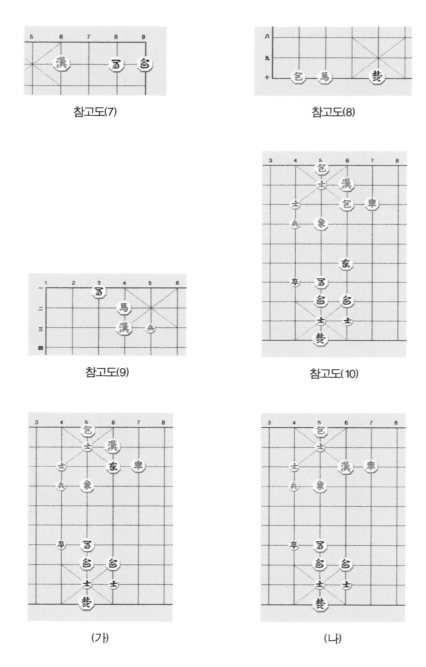

참고도(7)

참고도(8)

참고도(9)

참고도(10)

(가)

(나)

그리고 우형 가운데는 「참고도 ④」,「참고도 ⑤」와 같이 눈에 띄는 것도 많지만 「참고도 ⑥」처럼 一4 漢·士가 二4로 올라 서지를 못해 七5 楚·象 四7로 외통장군을 당하는 따위의 우형도 있습니다.

또한 다른 조각들보다도 將에 있어서는 아홉 군데밖에 없는 궁(宮) 안의 거동이 더욱 조심스럽습니다.

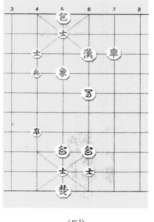

(다)

그 실례(實例)를 들자면,「참고도 ⑦⑧⑨」에서 보시는 바와 같은 간단한 외통수로부터 「참고도 ⑩」과 같은 변화를 가진 외통수가 있기 때문인데, 그 경과는 「가·나·다도」를 보십시오.

이 밖에도 각양각색(各樣各色)의 우형이 많은데, 우형임을 알면서도 지금 곧 「수」가 없다고 해서 그대로 방심(放心)했다가는 화근(禍根)이 되는 것이니 속히 처리하는 습관이 필요한 것입니다.

1. 「수」 一형

楚의 「귀馬」 대 漢의 「원앙馬」로 대치(對峙)된 「제1도」를 보십시오.

楚는 馬·卒이 떨어졌고 漢은 馬·象이 떨어져 조각상으로는 楚가 다소 유리하지만 漢의 포진은 양包의 자리가 잡혀 나무랄 데가 없는 반면 楚는 「八8」 包가 뒤떨어져 있는 단점(短點)을 발견할 수 있습니다.

여기서 漢 선수(先手)로 무슨 「수」가 없을까? 독자 여러분도 연구해 보십시오.

「제2도」와 같이 漢의 包로 楚·車를 쫓는 것이 맹랑한 「수」가 됩니다.

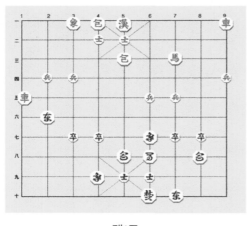

제1도

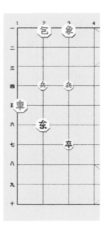

참고도(1)

이때 六2 楚·車는 면(六5)으로 피할 도리밖에 없는데, 만약 六3·六4·六8 등 다른 밭으로 피했다가는 五1 漢·車가 十1로 내려 장군하는 바람에 참고도 ①②③④의 순서에 따라 十7 楚·車가 떨어지니 결과적으로는 楚·包 한 조각이 희생됩니다.

그러니까 그만한 소극적 내용을 가지고 「제3도」를 택하게 된 것입니다.

여기서도 楚의 면包로 漢의 면象을 때리고 三7 漢·馬가 四5 楚·包를 때릴 때 楚의 면車로 漢·馬마저 쳐버리는 둘잡이가 국부적 (局部的)으로는 가능하지만, 「참고도 ㉮」에서 다시 五1 漢·車 十1 장군, 九5 漢·士 十5, 一2 漢·包 十2

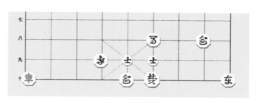

제2도

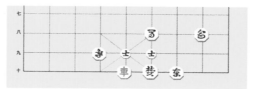

참고도(2)

참고도(3)

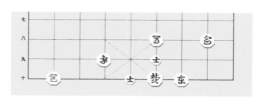

참고도(4)

장군으로 「참고도 ㉯」와 같이 十7 楚·車가 떨어져야 하니 楚는 부득이 면車를 六8로 피해 「제4도」로 옮겨졌습니다.

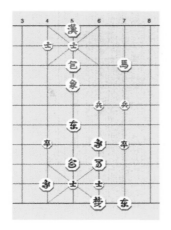

참고도(가)

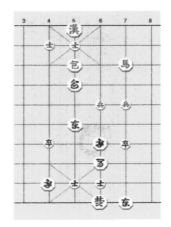

제3도

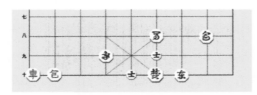

참고도(나)

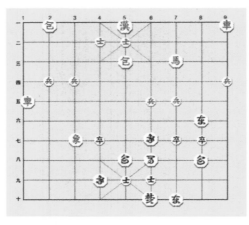

제4도

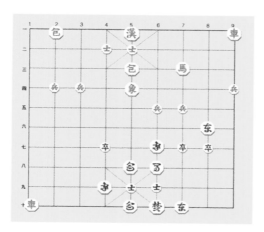

제5도

　따라서 여기까지 漢의 일방적(一方的)인 주문(注文)에 따라 진행된 셈입니다.

　그러나 七4 楚·卒로 七3 漢·象을 때렸다가는 앞에서 얘기한 대로 참고도 ①로 뒤돌아가게 되니, 楚의 수습 방법으로써는 면包를 十5로 뛰고 五1 漢·車가 十1로 누르면 八8 楚·包 八5로 漢의 「수」를 방지하는 「제5도」의 결과가 최선(最善)이라고 하겠습니다.

2. 「수」 二형

　「제1도」는 楚의 「원앙馬」 대 漢의 「귀馬」 포진이 완성된 후의 어느 한 장면입니다.

　낙마(落馬)를 비교해 보면 楚·象·양卒과 漢·馬·兵은 그 기능이 똑같다고 봅니다만, 조각의 조직 사항을 볼 때 六1 楚·卒과 十1 漢·車가 결박(結縛)된 우형(愚型)을 발견할 수 있습니다.

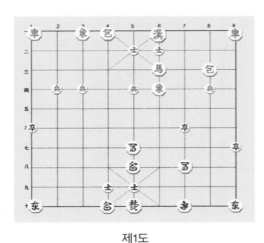

제1도

참고도(1)

여기서 漢은 「제2도」와 같이 농포(弄包)를 시도했습니다.

무슨 「수」가 있을까?

언뜻 생각나는 응수로는 「참고도 ①」로 六1 楚·卒을 쓰는 것이 상식입니다만 다음의 「참고도 ②」를 보십시오 楚의 양車가 다 걸린 셈입니다.

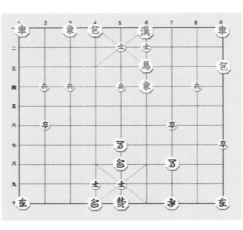

참고도(2)

물론 十1 楚·車로 一1 漢·車를 먼저 때리는 수가 고작입니다만, 「참고도 ③」을 볼 때 十9

楚·車를 먹은 漢·包는 동
시에 장군이 되어 있습니
다.

결국 「참고도 ④」의 결
과가 되고 보니 楚는 양車
가 다 떨어졌고 漢은 車
하나가 남아 있게 되니 승
패는 이미 결판이 난 것입
니다.

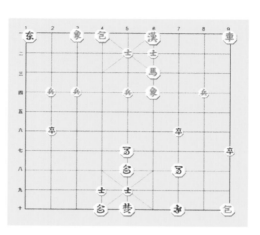

참고도(3)

이처럼 장기는 단 한 수
의 착오만으로 당장에 승부가 나버리는 「스피드」와 「스릴」의 상징(象
徵)임을 알 수 있겠습니다.
결론으로 「제2도」의 농포
를 당했을 때 十·1 楚·車가
十·3으로 피하고 「제3도」와
같이 六·1 楚·卒을 희생하
는 것이 옳은 방안입니다.

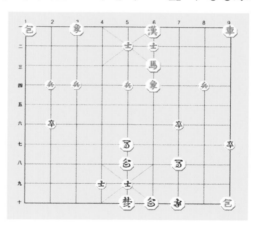

참고도(4)

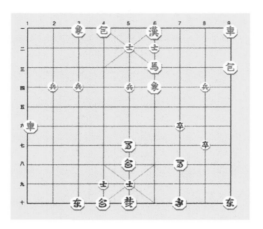

제2도

3. 「수」 三형

「제1도」를 살펴보니 六5 楚·象에 의해 九7 漢·車와 三7 漢·包의 두 조각이 걸려 있는 중반(中盤)의 절정기(絶頂期)입니다.

漢에게 무슨 묘안(妙案)이 없을까요?

일단 九7 漢·車로 十7 장군을 불러 「제2도」와 같이 楚의 귀包로 막게 하는 것은 상식입니다만 공교롭게도 十6 楚·包로는 멍군 장군이 되어 입장이 난처합니다.

그러나……

「제3도」의 馬장군은 어떻습니까?(멍군을 겸한)

楚의 멍士로 돌려 빼 먹는 수밖에 별 도리가 없겠지요. 따라서 좌우 양쪽을 누르고 있는 漢의 양車로 정형(定型) 코스에 따라 귀에 붙은,

즉 「제5도」의 상태까지 유
도(誘導)하는 것은 손쉬운
일입니다.

　여기서 다시 한 번 전국
(全局)의 조각 배열을 검
토해 보면 또 재미나는
「수」가 있습니다.

　三4 漢을 죽여 가며 「제
6도」와 같이 장군했을 때
楚로써는 六3 卒로 때릴

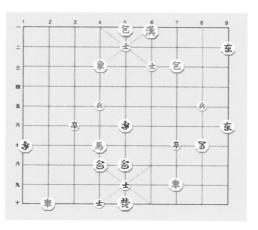

제1도

수밖에 없고, 이어 三7 漢·包가 귀로 넘어 「제7도」의 형태로 마지막
일침을 가하면 楚·將은 백기(白旗)를 들 수밖에 무슨 도리가 있겠습니
까. 마치 박보(博譜)와 같은 코스였습니다.

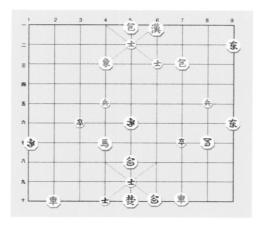

제2도

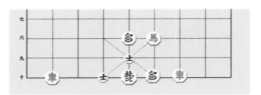

제3도

제4도

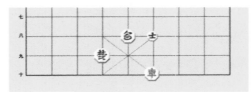

제5도

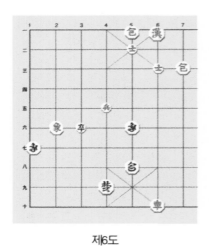

제6도

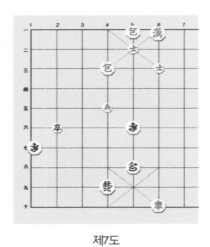

제7도

4. 「수」 四형

「제4도」를 볼 때 漢의 兵 하나가 떨어져 있습니다만 포진으로서는 서로 꽉 짜여 있는 좋은 대진 같습니다.

여기서 漢이 十7의 車와 一6의 包를 기간(棋幹)으로 해서 면包로 사전 공작(事前工作)을 하면 「수」가 있을 법도 합니다.

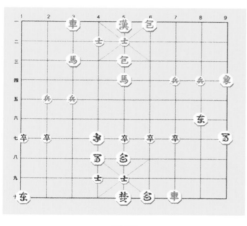

제1도

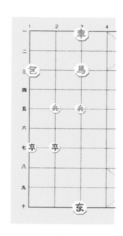

제2도

「제2도」는 언제든지 그렇게 되는 당연한 문답입니다만 다음에 후속 수단이 없을 때는 十1 楚·車가 十3의 요소(要所)로 가는 길을 도와준 데 불과한 해수(害手)입니다.

이어 「제3도」에서 보는 바와 같이 三1 漢·包가 三8로 넘어 六8 楚·車를 쫓은 다음 十7 漢·車로 楚의 귀包를 때린 것이 「수」가 됩니다.

즉 一6 漢·包 때문에 「제4도」가 정로(定路)이며, 따라서 三8 漢·包 十8 장군으로 十3 楚·車가 떨어지니 이해를 따져 보면 楚의 包 하나가

공납(貢納)되었습니다.

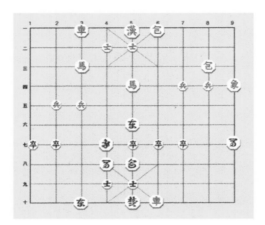

제3도

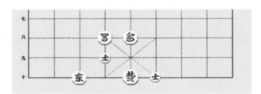

제4도

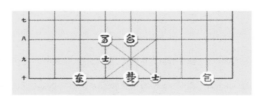

제5도

제3장 낱장기(종반)

낱장기라고 하면 글자 그대로 몇몇 개의 조각 장기라는 말입니다. 치열(熾熱)한 전투기(戰鬪期)를 통해 각기 많은 조각들이 혹은 대를 하고 혹은 떨어지고 한 다음, 즉 한판의 종반(終盤)을 의미하는 것입니다.

그런데 이 종반전에서는 이기느냐 비기느냐 또는 지고 마느냐 하는 세 갈래 길에서 그 중 하나의 결과로 확정을 짓는 시기이니, 승패를 전제로 하는 한판에 있어 가장 중요한 부분임은 더 말할 나위조차 없겠습니다.

따라서 어떤 형태의 조각이 남았건 이길 수 있는 조각이냐 하는 것과 비겨낼 수 있는 조각이냐 하는 두 경우의 확실한 분별(分別)을 하게 됨으로써, 이길 수 있는 조각인데도 비겼다거나 능히 비겨 낼 수 있는 판국인데도 졌다는 등의 싱거운 난센스를 피할 수 있으며, 나아가서는 중반 시절부터 자기 위치의 우열(優劣)에 따라 자기에게 유리한 낱장기의 갖가지 형태로 유도(誘導)도 할 수가 있는 것입니다.

그러나 낱장기의 형태도 「포진」이나 「전투」의 형태와 마찬가지로 여러 종목이 있고 또 그 종목마다 여러 갈래의 형(型)이 있으며, 더구나 조각의 능력 가치(能力價値)에 앞서 조각의 배치 사정(配置事情)이 더욱 중요시되는 미묘한 경우 등을 따지고 보면 까다로운 것이 한두 가지가 아닙니다.

지면관계로 그 중 대표적인 것만을 추려 보았습니다.

1. 양車의 힘

漢은 양車의 힘을 합해 공격을 하고 楚는 양士·包의 새 조각으로 이를 응대(應對)하는데, 만약 楚의 배진(配陣)이 참고도와 같이 안궁(安宮)이 되었다면 漢의 양車만으로는 도저히 이길 길이 없으나 기본도처럼 楚의 미숙(未熟)한 점이 있음으로써 문제가 되는 것입니다.

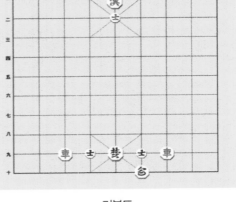

기본도

기본도에서
① 九3 漢·車 十3
② 九4 楚·士 八4

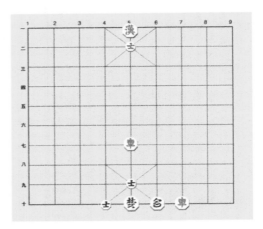

참고도

제1도에서

③ 九7 漢·車 七7

④ 九6 楚·士 八6

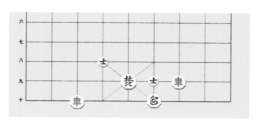

제1도

제2도에서

⑤ 七7 漢·車 七5

장군

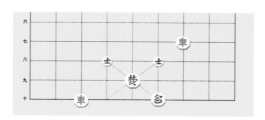

제2도

제3도에서

⑥ 八6 楚·士 八5

⑦ 七5 漢·車 七9

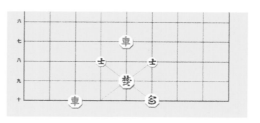

제3도

제4도에서

⑧ 八5 楚·士 八6

⑨ 十3 漢·車 九3

장군

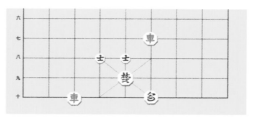

제4도

제5도에서

⑩ 八4 楚·士 九4

⑪ 七6 漢·車 七4

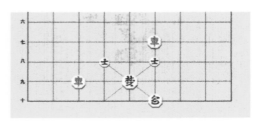

제5도

제6도에서

⑫ 十6 楚·包 八4

⑬ 七4 漢·車 七2

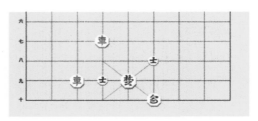

제6도

제7도에서

⑭ 八4 楚·包 十6

⑮ 七2 漢·車 九2

제8도로

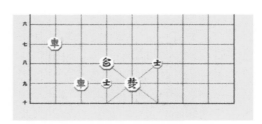

제7도

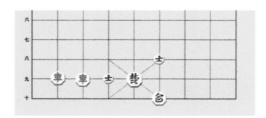

제8도

변화 (一)

기본도의 수순 ①로 九3 漢·車가 十3으로 내려섰을 때 楚가 응수를 하지 않은 경우에는 다음의 순서를 따라야 합니다.

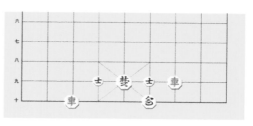

변화도(1)

(1)도에서
① 九7 漢·車 七7
② 九6 楚·士 八6

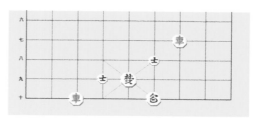

변화도(2)

(2)도에서
③ 七7 漢·車 七5 장군
④ 八6 楚·士 八5

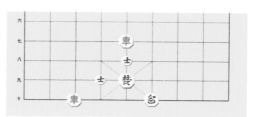

변화도(3)

(3)도에서
⑤ 十3 漢·車 九3
⑥ ─

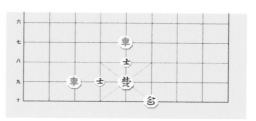

(4)도에서
⑦ 七5 漢·車 七7
⑧ 九5 楚·將 十4

변화도(4)

(5)도에서

⑨ 七7 漢·車 十7

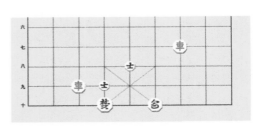

변화도(5)

(6)도에서

⑩ 九4 楚·士 九5

⑪ 九3 漢·車 十3

장군

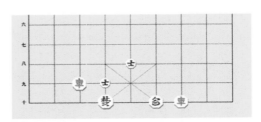

변화도(6)

(7)도에서

⑫ 十4 楚·將 九4

⑬ 十7 漢·車 七7

(8)도로

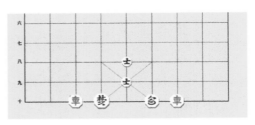

변화도(7)

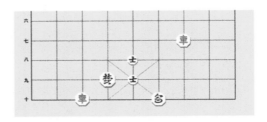

변화도(8)

변화 (二)

漢·車가 면(七5)으로 장군을 불렀을 때 ①도에서 보시는 바와 같이 八6 士로 막지 않고 반대편인 八4 士로 막았을 때는 이기는 코스가 또 달라집니다.

(1)도에서
① 八4 楚·士 八5
② 七5 漢·車 七4

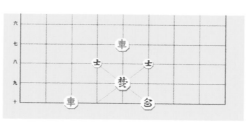

(1)도

(2)도에서
③ 十6 楚·包 八4
④ 七4 漢·車 七3

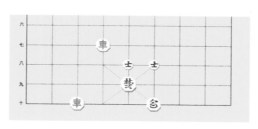

(2)도

(3)도에서
⑤ 九5 楚·將 九6
⑥ 七3 漢·車 七7

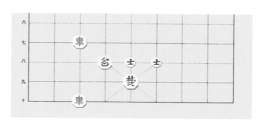

(3)도

(4)도에서

⑦ 八6 楚·士 九5

⑧ 七7 漢·車 九7 장군

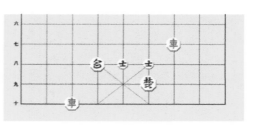

(4)도

(5)도에서

⑨ 九6 楚·將 八6

⑩ 十3 漢·車 七3

(6)도로

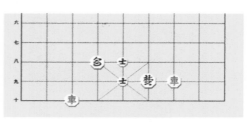

(5)도

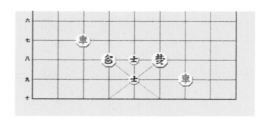

(6)도

2. 車·包의 조화

기본도를 보십시오. 漢은 車·包와 士가 있고 楚는 士가 하나 있습니다. 여기서 漢은 將과 士를 가지고 유기적(有機的)으로 包의 다리를 놓고 빅장군을 피해가면서 楚·將과 士를 좌우로 분리(分離)시키는 것이 요령입니다.

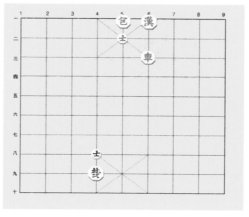

제1도

제1도에서

① 三6 漢·車 三4

② ―

③ 二5 漢·士 三6

④ 九4 楚·將 九5

⑤ 一5 漢·包 一7

⑥ ―

⑦ 一7 漢·包 一4

⑧ 八4 楚·士 八5

⑨ 三4 漢·車 三5

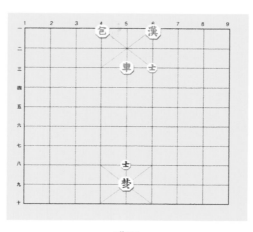

제2도

제2도에서

⑩ 九5 楚·將 八6

⑪ 一4 漢·包 一7

⑫ 八5 楚·士 九5

⑬ 一7 漢·包 一5

⑭ 九5 楚・士 八4

제3도에서

⑮ 一6 漢・將 二5

⑯ 八6 楚・將 九6

⑰ 三5 漢・車 五5

⑱ 一

⑲ 五5 漢・車 五6 장군

제4도로

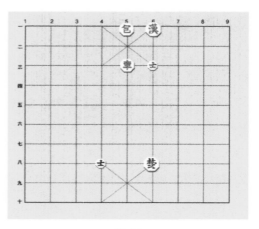

제3도

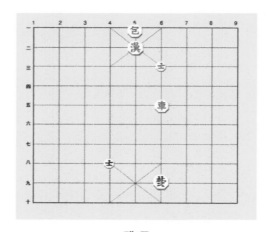

제4도

3. 외士 三능(能)

기언(棋言)에 말하기를 『외士 三능이면 필승』이라는 말이 있는데, 그 말은 일반적인 통례(通例)를 두고 하는 말이지 결코 절대적인 말은 아닙니다.

여기 「제1도」의 경우, 漢의 양象·馬는 이길 수 있는 대三능(大三能) 가운데 비교적 힘 드는 종목으로 알려져 있습니다.

그러나 행마(行馬)의 골자를 습득하고 나면 다른 대三능에서도 참고가 될 줄 압니다.

제1도에서

① 四6 漢·象 七8

② ―

③ 四4 漢·馬 六5

④ ―

⑤ 四5 漢·象 二8

⑥ ―

⑦ 二8 漢·象 五6

⑧ ―

⑨ 五6 漢·象 三3

⑩ ―

⑪ 三3 漢·象 六1

⑫ ―

⑬ 六1 漢·象 四4

⑭ ―

⑮ 四4 漢·象 七2

제2도에서

⑯ 九5 楚·士 八5

⑰ 六5 漢·馬 五7

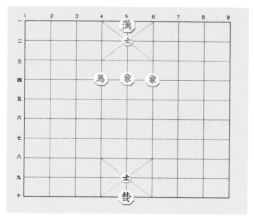

기본도 제1도

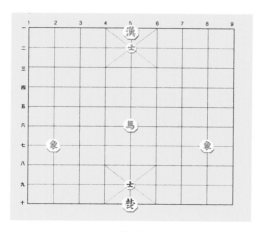

제2도

⑱ 八5 楚·士 八6

⑲ 五7 漢·馬 七6

⑳ 一

㉑ 七6 漢·馬 八4
　　장군

㉒ 十5 楚·將 九5

㉓ 八4 漢·馬 六5
　　장군

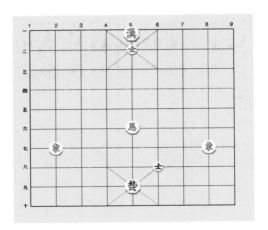

제3도

제3도에서

㉔ 九5 楚·將 八5

㉕ 七8 漢·象 四6

㉖ 八6 楚·士 九5

㉗ 七2 漢·象 四4

㉘ 九5 楚·士 八4

㉙ 四4 漢·象 六7

제4도로

㉚ 八4 楚·士 九5

㉛ 四6 漢·象 六3

㉜ 九5 楚·士 八4

㉝ 六5 漢·馬 七3
　　장군

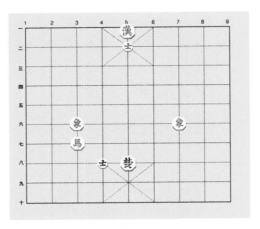

제4도

4. 馬·包의 활약

기본도에서 보시는 바와 같이 楚의 다섯 卒이 漢진의 바로 문턱까지 육박하고 있어 도저히 고경(苦境)을 면할 길이 없는 것같이 보입니다.

그러나 漢에게는 馬와 包가 있고 楚·將이 민궁이기 때문에 역습(逆襲)을 받게 되고 계속되는 장군으로 말미암아 손을 뺄 겨를이 없이 비기고 마는 것입니다. 즉 기본도에서부터 「제1도」까지의 필연적인 수순을 밟은 다음 제「2·3·4도」로

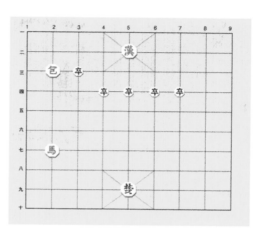

기본도

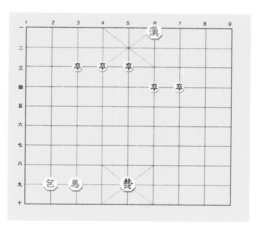

제1도

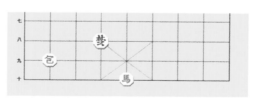

제2도

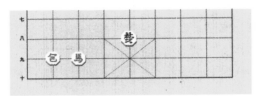

제3도

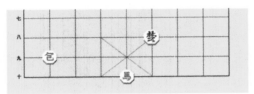

제4도

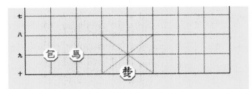

제5도

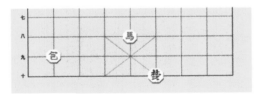

제6도

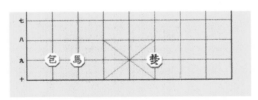

제7도

5. 소삼능(小三能)

소三능이라고 하면 기본도에서 보시는 漢의 양包·兵처럼 세 가지 능기물(能器物) 가운데 작은 조각(兵)이 하나 끼어 있는 것을 말합니다.

그런데 楚는 항거(抗拒)할 수 있는 능기물은 없지만 양士가 있기 때문에 정수(定手)로써는 이기지 못하는 것으로 되어 있습니다.

하지만 漢측에서는 일방적인 공세를 취할 수 있는 우위(優位)에서 각양각색(各樣各色)의 수단을 시도하게 되기 때문에, 정확한 응수 방법을 습득하지 않고서는 뜻밖의 고배를 마시기가 일쑤입니다.

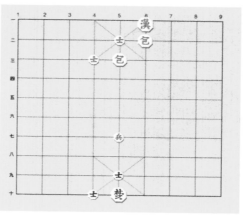

기본도

정당한 응수 방법

기본도에서

① 七5 漢·兵 七6
   장군

② 九5 楚·士 十6

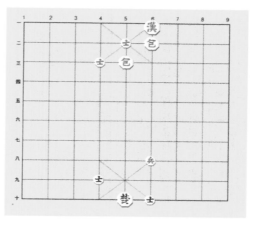

제1도

③ 七6 漢·兵 八6

④ 十4 楚·士 九4

제1도에서

⑤ 三5 漢·包 一5
　장군

⑥ 十5 楚·士 九5

제2도에서

⑦ 二6 漢·包 二4

⑧ 十5 楚·將 十6

⑨ 二4 漢·包 二6
　장군

⑩ 十6 楚·將 十5

⑪ 八6 漢·兵 九6

⑫ 十5 楚·將 十4
　제3도로

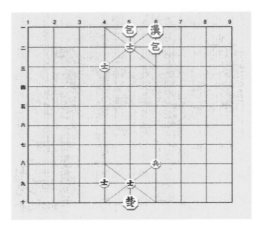

제2도

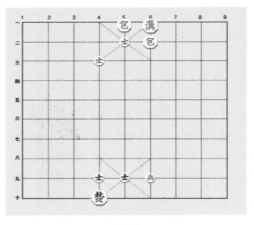

제3도

　이상의 경과에서 보시는 바와 같이 漢·兵이 궁 안으로 　침입(侵入)하더라도 고작 兵·士대에 불과하니, 楚의 양士를 八선(線)으로 올리지를 말고 九선과 十선을 중심으로 움직이면 가장 무난합니다. 그러나 평상시와 같이 漢·兵이 궁 안에 달리는 것을 두려워해서 士를 八선으로 올려놓고 대항하다가는 다음의 부당(不當)한 응수 수순에서와 같이 楚의 양士대

漢·兵의 결과를 초래하게 되는 것입니다.

부당한 응수의 예(例) (1)

참고도에서

① 二5 漢·士 三6

② 十5 楚·將 十4

③ 三4 漢·士 二5

④ ―

⑤ 二6 漢·包 二4
　　장군

⑥ 十4 楚·將 十5

⑦ 七5 漢·兵 七4
　　장군

⑧ 八4 楚·士 八5

⑨ 七4 漢·兵 八4

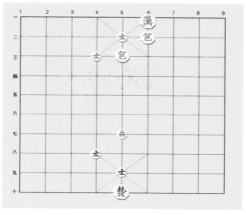

참고도

(1)도에서

⑩ 十5 楚·將 十6

⑪ 八4 漢·兵 八5 士
　　때림

⑫ 九5 楚·士 八5 兵
　　때림

⑬ 二4 漢·包 二6
　　장군

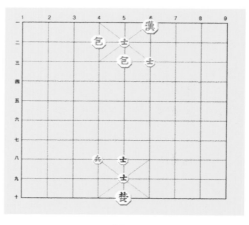

(1)도

⑭ 八5 楚·士 八6

⑮ 二6 漢·包 八6 士

　때림

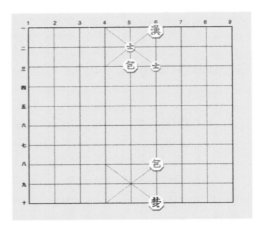

(2)도

부당한 응수의 예 (2)

참고도에서

① 十5 楚·將 十4

② 二6 漢·包 二4

③ 十4 楚·將 九4

(1)도에서

④ 三5 漢·包 一5

⑤ ―

⑥ 二5 漢·士 三4

⑦ 九5 楚·士 八5

⑧ 二4 漢·包 四4

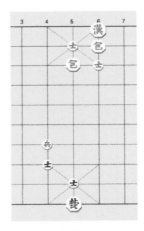

참고도

(2)도에서

⑨ 八5 楚·士 九5

⑩ 一6 漢·將 二5

⑪ 一

⑫ 七4 漢·兵 八4 장군

⑬ 九4 楚·將 八4 兵 때림

⑭ 四4 漢·包 二4 장군

(3)도로

(1)도

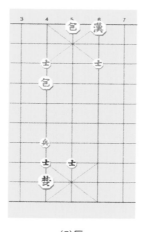

(2)도

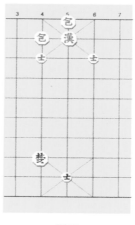

(3)도

변화

먼저 번에는 三5 漢·包의 장군에 대해서 十5 楚·將 스스로가 十4로 피했던 것을 여기서는 九5 楚·士를 九4로 모두 뺐을 때의 변화를 더듬어 보겠습니다.

변화도에서

① 二5 漢·士 三4

② 十5 楚·將 九5

③ 一6 漢·將 二5

④ 一

⑤ 二6 漢·包 二4

⑥ 一

⑦ 七4 漢·兵 七5 장군

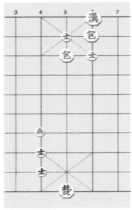

변화도

(1)도에서

⑧ 九5 楚·將 十4

⑨ 二4 漢·包 四4

⑩ 七5 漢·兵 八5

⑪ 一

(2)도에서

⑫ 八5 漢·兵 八4 士 때림

(3)도로

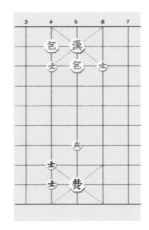

(1)도

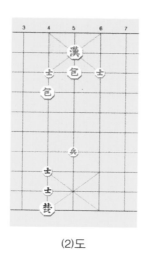

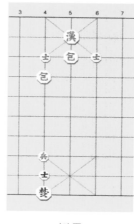

(2)도   (3)도

6. 양士의 단합(團合)

이것은 박보(博譜)의 「車二兵」과는 근본적으로 다르며, 매우 까다로 운 문제입니다.

물론 정수로는 빅의 조각이지만, 힘이 좋은 漢·車가 독무대(獨舞臺) 에서 난무(亂舞)하는 바람에 자칫하면 꼬이게 됩니다.

정당한 응수 방법

기본도에서

① 七5 漢·兵 七4

② 八4 楚·士 九4

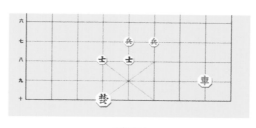

기본도

제1도에서

③ 七6 漢·兵 七5

④ 八5 楚·士 八6

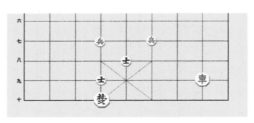

제1도

제2도에서

⑤ 七5 漢·兵 七6

⑥ 八6 楚·士 八5

⑦ 七4 漢·兵 七5

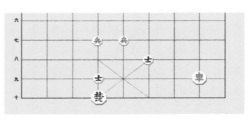

제2도

제3도에서

⑧ 九4 楚·士 八4

⑨ 九8 漢·車 十8
　　장군

⑩ 十4 楚·將 九5

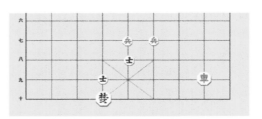

제3도

제4도에서

⑪ 七5 漢·兵 七4

⑫ 八4 楚·士 九4

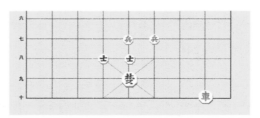

제4도

제5도에서

⑬ 七6 漢·兵 七5

⑭ 八5 楚·士 八6

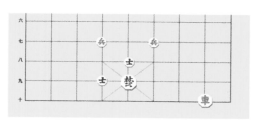

제5도

제6도에서

⑮ 七4 漢·兵 七3

⑯ ―

⑰ 七3 漢·兵 八3

⑱ ―

⑲ 七5 漢·兵 七4

⑳ 八6 楚·士 八5

㉑ 十8 漢·車 九8 장군

㉒ 九5 楚·將 十4

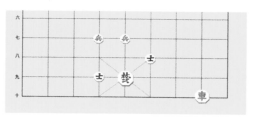

제6도

제7도에서

㉓ 八3 漢·兵 九3

㉔ 九4 楚·士 九5

제8도로

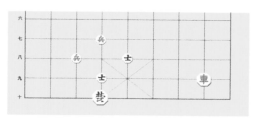

제7도

그런데 제8도에서 楚
가 九4 士를 九5로 꽂지
않고 八4로 올리면(참고
도) 이하 「①,②……도」
의 순서에 따라 지게 됩
니다.

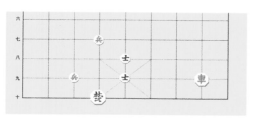

제8도

참고도에서

① 九3 漢·兵 十3
　장군

② 十4 楚·將 十5

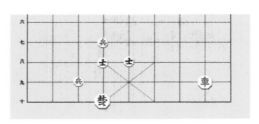

참고도

(1)도에서

③ 九8 漢·車 十8
　장군

④ 十5 楚·將 九5

⑤ 十8 漢·車 十4
　장군

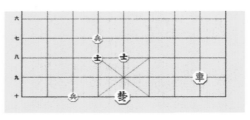

(1)도

(2)도에서

⑥ 九5 楚·將 九6

⑦ 七4 漢·兵 八4 士
　때림

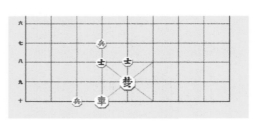

(2)도

(3)도에서

⑧ 八5 漢·士 八4 兵
　때림

⑨ 十4 漢·車 八4 士
　때림

⑩ ―

⑪ 十3 漢·兵 十4

⑫ ―

⑬ 十4 漢·兵 十5
제(4)도로

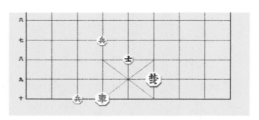

(3)도

이상의 과정(過程)이 보
여주듯이 楚·將은 九선과
十선에서　왕래(往來)하며
양士 중의 하나는 八, 九선
으로, 또 하나는 八선에서
좌우(左右)로　이동하면서

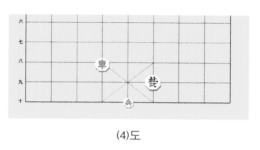

(4)도

漢·兵이 궁 안에 달리지 못하도록 방어하는 것이 이상적(理想的)인 요
령입니다.

그런데 특히 중요한 것은 楚·將이 궁의 변두리로 피하지 않도록 사
전(事前)부터(士를 움직일 때마다) 대비(對備)해야 하며, 만약 부득이한
경우가 있다면 즉시 그러한 우형(愚型)을 풀 수 있는 검토(檢討) 아래
일시적인 피난처로만 삼아야 합니다.

부당한 응수의 예(1)

참고도에서

① 七5 漢·兵 七4

② 八4 楚·士 九5

③ 九8 漢·車 十8
　　장군

④ 十6 楚·將 九6

제1도에서

⑤ 七6 漢·兵 七7

⑥ 九5 楚·士 八6

⑦ 十8 漢·車 十4

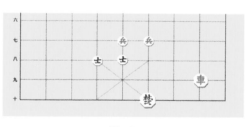

참고도

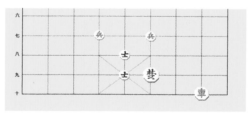

제1도

제2도에서

⑧ 八6 楚·士 九5

⑨ 十4 漢·車 十2

⑩ 九5 楚·士 八4

⑪ 十2 漢·車 九2
　　장군

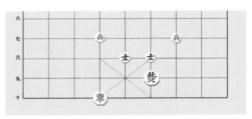

제2도

제3도에서

⑫ 八4 楚·士 九5

⑬ 七7 漢·兵 八7

⑭ 九6 楚·將 十6

⑮ 九2 漢·車 十2
　　장군

⑯ 九5 楚·士 十5

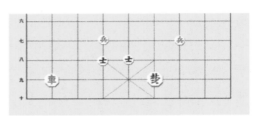

제3도

제4도에서

⑰ 七4 漢·兵 七5

⑱ 八5 漢·士 九5

⑲ 七5 漢·兵 七6

⑳ 十6 楚·將 九6

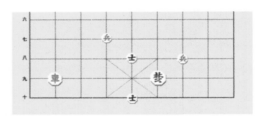

제4도

제5도에서

㉑ 十2 漢·車 八2

㉒ 九6 楚·將 十6

㉓ 八7 漢·兵 八6

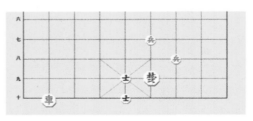

제5도

제6도에서

㉔ 十5 楚·士 十4

㉕ 八2 漢·車 十2

㉖ —

㉗ 八6 漢·兵 九5
　　장군

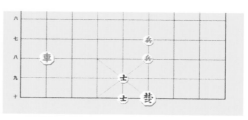

제6도

제7도에서

㉘ 十6 楚·將 九5 卒
　　때림

㉙ 十2 漢·車 八3

㉚ 九5 楚·將 十5

㉛ 七6 漢·兵 八6

㉜ 十4 楚·士 九5

㉝ 八2 漢·車 十2
　　장군

㉞ 九5 楚·士 十4

㉟ 十2 漢·卒 九2

㊱ —

㊲ 九2 漢·車 九7
　　제8도로

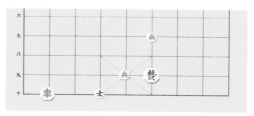

제7도

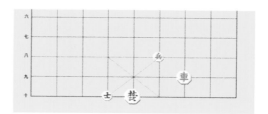

제8도

부당한 응수의 예(2)

참고도에서

① 七5 漢·兵 七4

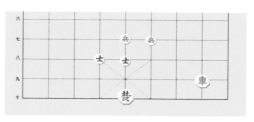

참고도

② 八4 楚·士 九5

제1도에서

③ 九8 漢·車 十8
　　장군

④ 九5 楚·士 十6

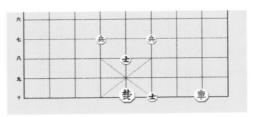

제1도

제2도에서

⑤ 七6 漢·兵 七5

⑥ 八5 楚·士 九5

⑦ 七4 漢·兵 七3

⑧ 十5 楚·將 十4

⑨ 七3 漢·兵 八3

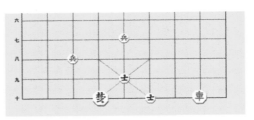

제2도

제3도에서

⑩ 十4 楚·將 九4

⑪ 七5 漢·兵 七4

⑫ ―

⑬ 十8 漢·車 八8

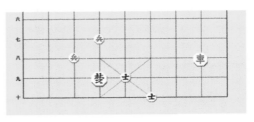

제3도

제4도에서

⑭ 九4 楚·將 九4

⑮ 八3 漢·兵 八4

⑯ ―

⑰ 八8 漢·車 十8

제4도

제5도에서

⑱ —

⑲ 八4 漢·兵 九5
   장군

⑳ 十4 楚·將 九5 兵
   때림

㉑ 十8 漢·車 八8

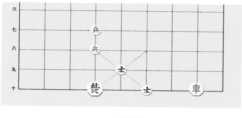

제5도

제6도에서

㉒ 九5 楚·將 十5

㉓ 七4 漢·兵 八4

㉔ —

㉕ 八8 漢·車 九8
   제7도로

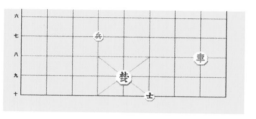

제6도

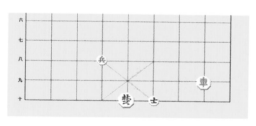

제7도

양면(兩面) 작전

「참고도」처럼 漢측에서 양兵을 좌우편(左右便)으로 분할해서 받았을 때 楚·將이 안궁(安宮)을 못한 채 양士가 와해(瓦解)되어 있으면 다음의 수순에 따라 지게 됩니다.

참고도에서

① 九5 楚·將 十4

② 八3 漢·兵 九3

③ 九4 楚·士 八4

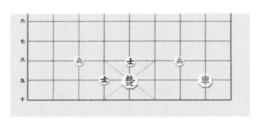

참고도

제1도에서

④ 九3 漢·兵 十3
　　장군

⑤ 十4 楚·將 十5

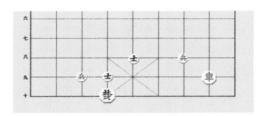

제1도

제2도에서

⑥ 九8 漢·車 十8
　　장군

⑦ 十5 楚·將 九5

⑧ 十8 漢·車 十4
　　장군

⑨ 九5 楚·將 九6

⑩ 八7 漢·兵 九7
　　장군

제3도로

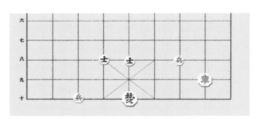

제2도

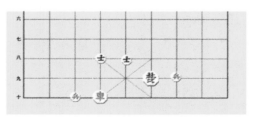

제3도

제4장 대국보(對局譜)

漢・劉用甲 (初段格)
楚・玄泰鎬 (初段格)

　본 대국보를 장식한 「유용갑」 박사와 「현태호」 선생은 다 같이 장기
계의 향상과 발전을 위해 애쓰시고 또한 한국 기도원의 창립을 위해서
도 음양(陰陽)으로 힘써 주신 기단(棋壇)의 공로자일 뿐만 아니라, 수
십 연래의 애기가(愛棋家)로서 그 역량(力量)으로 말하자면 본편에서
전개(展開)되는 스피디한 감각, 「수」의 정확성 또는 웅대(雄大)한 스
케일 등을 볼 때 이미 아마추어의 경지(境地)를 넘은 국수(國手) 수준
이 분명합니다.

　따라서 독자 여러분과 함께 실전을 연구하는 데 있어 좋은 재료가
되겠기에 특히 추천한 것입니다.

　「제1보」를 볼 때 楚가 「면象」을 기도하고 있다는 것을 발견하는 데 그
리 힘들지 않으실 것입니다.

　그리고 이제 막 농포 공세(弄包攻勢)(八7 楚・包 八1)를 취하려는 찰
나임도 알 수가 있습니다. 그러나 漢은 楚의 농포를 봉쇄(封鎖)할 양으
로 ①을 강행한 데서부터 비상시기(非常時期)로 돌입하게 되었습니다.

　②와 ③의 문답은 하나의 정수(定手)인데, 漢이 만약 ③에서 참고도
와 같이 욕심을 부리면 九4 楚・馬로 八2 漢・包를 때리고 三1 漢・包가
十1 楚・車를 치더라도 八2 楚・馬가 十1 漢・包를 되 치게 되니 결국 漢

의 양包 대 楚·車로 漢의
손해가 분명합니다.

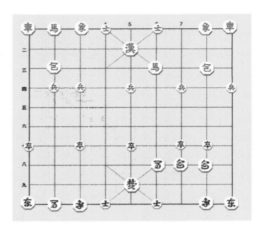

제1보

제1보에서

① 三2 漢·包 八2

② 八6 楚·馬 九4

③ 八2 漢·包 二2

④ 八7 楚·包 四7 兵
　　때림

⑤ 三8 漢·包 三1

「제1보」초기에 楚가 시도하려던 농포는 본보에 이르러 반대로 漢에 의해 당하게 되었지만 ⑧에서 또 하나의 兵을 얻으니 아무런 불만이 없습니다.

⑨는 먼저 잃어버린 兵 둘의 대가를 찾으려는 급수(急手)이니, 만약 四7 楚·包가 도망을 했다가는 三9 漢·包 三5 장군으로 楚·車가 떨어지기 때문에 ⑩으로 예방을 하고, 따라서 ⑪⑫로 대를 한 결과가 楚·包 대 漢三兵이니 피장파장입니다만 다시 ⑬으로 결박된 것이 불만입니다. 따라서 ⑩으로써는 참고도와 같이 四3 兵부터 때리고 나서 면象을 마련했어야 옳았습니다.

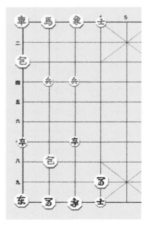

참고도

제2보에서

⑥ 十2 楚·馬 八1

⑦ 三1 漢·包 三9

⑧ 十9 楚·車 四9 兵
때림

⑨ 四5 漢·兵 四6

⑩ 十8 楚·象 八5

⑪ 四6 漢·兵 四7 包
때림

⑫ 四9 楚·車 四7 兵
때림

⑬ 三9 漢·包 三1

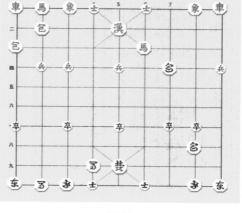

제2보

⑭는 ⑯과 관련해서 四
3 漢·兵을 양득하려는 속
셈이니, 漢이 ⑮⑰로 방지
한 것은 현책(賢策)입니다.

이어 ⑱은 시기상조로

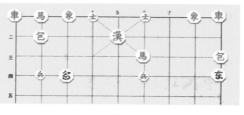

참고도

우선 「참고도 ㉮」처럼 漢의 「중包」를 눌러 두었어야 ⑲의 수단이 견
제되었을 뿐만 아니라 ⑱의 뒷맛이 좋았을 것입니다. 더욱이 ⑳의 응수
는 완착(緩着)이었으니, 車로 四6 漢·象을 치고 三1 漢·包가 八1 楚·馬
를 때릴 때 「참고도 ㉯」와 같이 七1 卒을 써서 漢·包의 다리를 끊었어
야 전국적(全局的)인 주도권(主導權)을 잡을 수가 있었을 것입니다.

제3보에서

⑭ 七5 楚·卒 七4

⑮ 二2 漢·包 二6

⑯ 十3 楚·象 七5

⑰ 一8 漢·象 四6

⑱ 七5 楚·象 五8

⑲ 二6 漢·包 二1

⑳ 九4 楚·馬 十2

제3보

「제4보」에 이르러 ㉑㉓의 연속적인 급수(急手)를 얻은 漢은 그 세력의 우위(優位)를 자랑할 만했지만 ㉔의 기발 (奇拔)한 혈로(血路)가 있어 눈앞에 보이는 소득은 없습니다.

㉕로 부득이 漢·將이 돌 아갔을 때 楚는 ㉖을 택하 고 나아가서는 ㉘로 漢진 깊이 들어갔지만 즉시 적절 한 ㉙의 응수로 아무런 소

참고도 (가)   참고도 (나)

득도 없이 오히려 一9 漢·車 八9에 대한 응수에 곤란하게 됐습니다.

따라서 ㉖에서는 楚·車의 방향을 四6으로 돌린 다음, 이어 「참고도」 와 같이 包의 다리를 놓는 편이 유익했을 줄 믿습니다.

제4보에서

㉑ 四6 漢·象 七4 卒
　　때림
㉒ 七3 楚·卒 七4 象
　　때림
㉓ 三6 漢·馬 五5
㉔ 八5 楚·象 五7
㉕ 二5 漢·將 二4
㉖ 四7 楚·車 三7
㉗ 一4 漢·士 二5
㉘ 三7 楚·車 三2
㉙ 一3 漢·象 四5

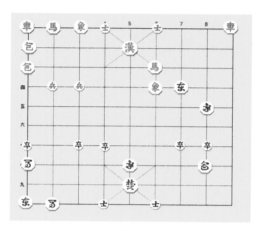

제4보

㉚을 가리켜 홀기지책(恤機之策)이
라고 할 텐데, 다음에 漢·車가 一7로
들어섰어야 할 것을 ㉛로 지나치게
공격을 강행한 탓으로 ㉜의 묘착(妙
着)이 들어맞았습니다. ㉝은 좀처럼
두기 어려운 응수지만 그렇다고 一2
漢·馬를 버릴 수는 없겠지요.
　　이어 ㉞가 급소였지만 漢이 象을
버리고 ㉟로 「멍包」를 자행한 데는

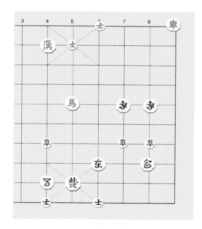

참고도

상당한 이유가 있었습니다. 즉 楚·車가 ㊱으로 漢·象을 치리라는 예상
아래 곧 ㊲의 양수 겸 장군으로 승점(勝點)을 찾자는 무서운 계략입니
다.

제5보에서

㉚ 八8 楚·包 六8

㉛ 一9 漢·車 八9

㉜ 六8 楚·包 一8

㉝ 二5 漢·士 一5

㉞ 三2 楚·車 三5

㉟ 二1 漢·包 二5

㊱ 三5 楚·車 四5 象
　　때림

㊲ 五5 漢·馬 七4 卒
　　치고 장군

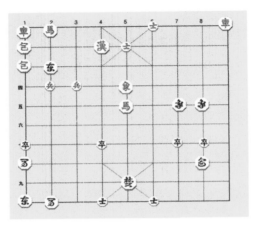

제5보

「제6보」에서 楚·將이 피할 수 있는 곳은 다만 九4의 한 군데뿐입니다.

다음의 ㊴는 楚·車를 쫓는다기보다 包 다리를 놓아 앞장군을 효과적으로 부르려는 급수(急手)였습니다만, 五7 楚·象의 덕택으로 ㊵의 응수가 성립되어서 위기일발(危機一髮)의

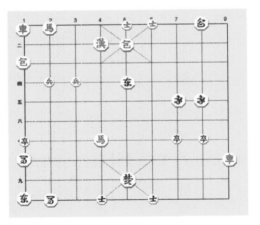

제6보

난국(難局)을 모면할 수가 있었습니다.

그러나 ㊵으로써는 「참고도 ㉮」와 같이 「멍包」를 때리고 漢의 응수 여하에 따라 「참고도 ㉯」 또는 ㉰로 유도(誘導)할 수도 있었겠습니다

만, 과연 어느 편이 나았을
는지는 속단하기 어렵습니
다.

제6보에서

㊳ 九5 楚·將 九4

㊴ 一2 漢·馬 三3

㊵ 四5 楚·車 七5

㊸의 장군을 얻기 위해
㊶로 漢·包를 희생한 것은
빅장군을 선수로 방지하기
위한 묘계(妙計)였으며 ㊹
는 유일한 응수인데, 여기
서 만약 八9 漢·車가 八3
楚·馬를 때렸다가는 三4
楚·象 六6 빅장군으로 八3
漢·車가 떨어집니다.

그리고 ㊺의 의미를
빨리 이해하신 독자는
대단한 실력이 있는 분

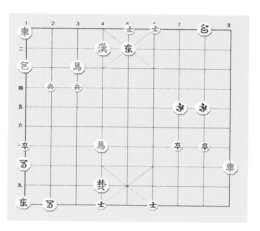

참고도 (가)

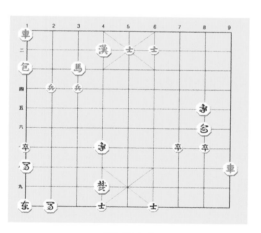

참고도 (나)

이며, 대개가 「참고도 ①」과 같이 楚·車를 때릴 겁니다. 그러나
조각상 부족하고 불리한 楚측에는 「참고도 ②」에서 보는 바와 같
이 三4 象이 五7로 뜨면서 빅장군을 부르는 「수」가 있습니다. 이
때 漢은 四3 兵 四4로 막을 도리밖에 없는데, 「참고도 ③」으로

楚·車 三4로 붙자고 할
때 漢의 멍包로써 五7
漢·象의 멱을 막을 수가
있지만, 「참고도 ④」에서
楚·車가 漢·馬를 선수로
때리게 되니 一1 漢·車
二1의 응수가 불가피한
까닭입니다.

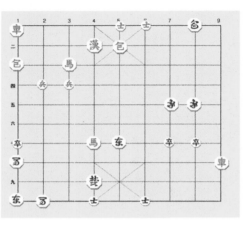

참고도 (다)

이어 「참고도 ⑤⑥」으로
楚·馬와 漢·包가 대가 되
고 나면 漢의 양車가 결박(結縛)이 되어 이후 楚의 안궁이 쉽게 되고
따라서 비기게 되는 것입니다.

제7보에서

④1 三1 漢·包 三4
　　장군

④2 五7 楚·象 三4 包
　　때림

④3 七4 漢·馬 八2
　　장군

④4 十2 楚·馬 八3

④5 四3 漢·兵 四4

④6 十1 楚·車 十2

④7 八9 漢·車 八3 馬
　　때림

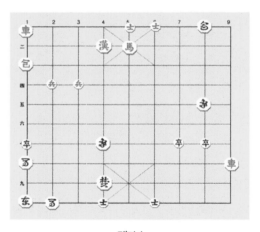

제7보

㊽ 十·4 楚·士 九5

八3 漢·車 十3 장군해도 車대밖에 안 될 바에야 ㊾로 양車 합세를 서두른 것이 기민(機敏)했고 楚 ㊿의 피난부터 ㊾까지는 정해진 코스였습니다.

이때 漢이 택할 수 있는 다음 수로는 四3 漢·車 五3, 八2 漢·馬 十3의 두 가지가 급수(急手)에 속하며, 五4

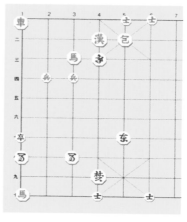

참고도 (1)

漢·車로 五8 楚·象을 때리고 一8 楚·包가 六8로 넘을 때 二4 漢·將으로 三4 楚·象마저 때리는 안전책도 있었는데, 본보(本譜)의 ㊼은 느린 감이 없지 않습니다.

이어 ㊼㊽에 각기 士·馬를 때렸을 때 ㊾으로 漢·包의 다리를 끊는 것보다는 一5 楚·包의 八5 귀환(歸還)이 급한 줄 압니다.

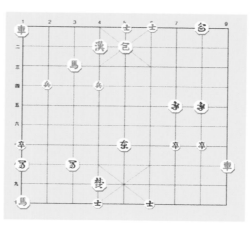

참고도 (2)

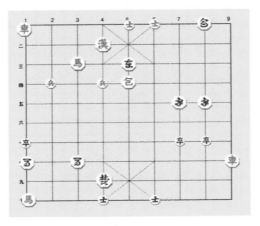

참고도 (3)

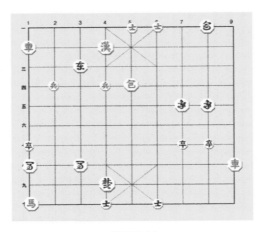

참고도 (4)

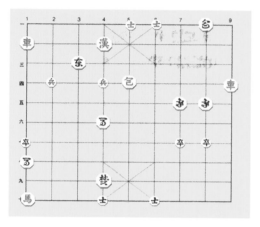

참고도 (5)

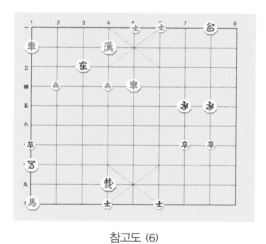

참고도 (6)

제8보에서

㊾ 一1 漢·車 五1

㊿ 九4 楚·將 十4

(51) 五1 漢·車 五4 장군

(52) 十4 楚·將 十5

(53) 二5 漢·包 二1

(54) 一8 楚·包 一5 士 때림

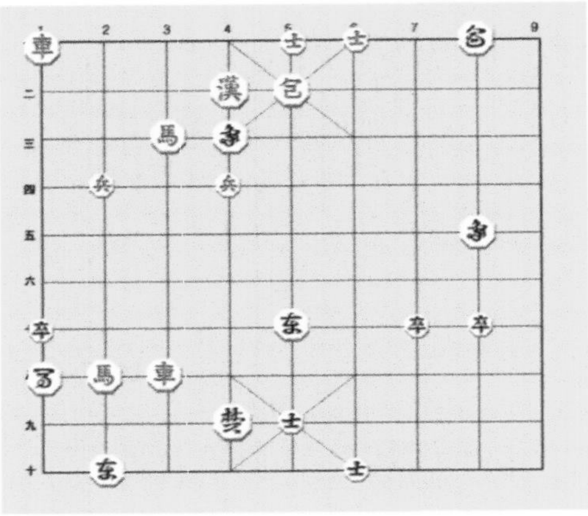

제8보

전 보에서 말한 것과 같이 楚에게 (58)의 기회가 생기고 나면 楚의 양 象이 다 떨어지더라도 불리할 게 없습니다.

그런데 (60)으로 대車 시비부터 건 것은 너무나 소극적이었습니다. 차라리 七2 卒 七3으로 漢의 응수 동태를 살펴본다든가 三4 楚·象 一7로 빠져나가는 순서부터 시작하는 것이 모험이긴 하지만 승패를 결정짓는 길이었다고 생각됩니다.

어쨌든 (61)은 묘착(妙着)이 분명했고 따라서 (62)로 楚·象도 살아나게 되었는데, 결국 (66)까지 발전 상태를 보면 三4에 있던 楚·象이 一7로 도망하기보다 현실과 같이 五7이라는 요소(要所)에 나오게 된 편이 훨씬 유익한 것은 더 말할 나위 없을 것입니다.

제9보에서

57 八2 漢·馬 十3

58 一5 楚·包 八5

59 五4 漢·車 五8 象
　　때림

60 七5 楚·車 七3

61 五8 漢·車 五3

62 三4 楚·象 五7

63 三3 漢·馬 五4

64 七3 楚·車 七6

65 五3 漢·車 一3

66 七6 楚·車 三6

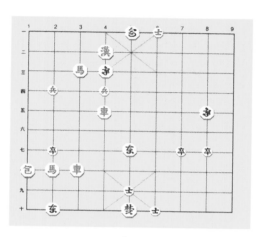

제9보

「제10보」에서의 세력 균형을 보면, 楚측이 우세하다 할 것은 漢의 조각
이 와해(瓦解)된 채 정돈이 안 된 탓입니다.

67은 단 하나의 방어 수단이며 68은 70 72 등과 관해서 十3 漢·馬를
잡겠다는 속셈의 시국 안정책(時局安定策)인데, 漢이 73 74 의 馬·士대
가 고작이라고 속단(速斷)한 것은 다소 의문이었습니다.

왜냐하면 73에서 楚·士를 치지 말고 「참고도」처럼 漢·包를 十1로
넘겨씌웠으면 다음에 十3 漢·馬 八4로 양수겸장(兩手兼將)을 부르는
「외통」수도 있고 해서 楚측이 응수를 찾기가 곤란했겠기에 말입니다.

제10보에서

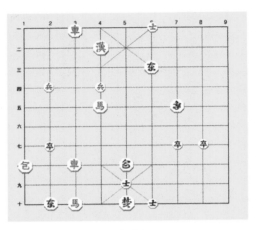

제10보

⑥⑦ 八3 漢·車 三3

⑥⑧ 三6 楚·車 七6

⑥⑨ 三3 漢·車 三1

⑦⑩ 七6 楚·車 七4

⑦① 八1 漢·包 一1

⑦② 七2 楚·卒 七3

⑦③ 十3 漢·馬 九5 士
때림

⑦④ 十6 楚·士 九5 馬
때림

「제11보」를 보면 대략 漢의 조각도 정비된 데다가 서로 양차가 남아 있으니 지지도 이기지도 못할 형국입니다. 그렇기에 楚측에서 ⑦⑥ 이하의 일대 대살전(一大對殺戰)을 벌여 빅보(無勝負)를 결정짓고 만 것입니다.

이와 같이 파란 많은 초판, 그리고 전투기를 거쳐 왔지만 결국 비기고 말았다는 안타까움은 숨길 길이 없습니다. 이처럼 비길 여지가 많은 점이 우리 장기의 장점이기도 하고 또한 단점이기도 하다는 것은 독자 여러분께서도 늘 경험하시는 일이라고 믿습니다.

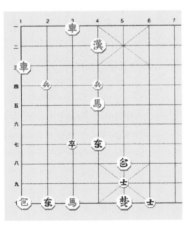

참고도

제11보에서

⑦⑤ 一6 漢·士 二6

⑦⑥ 十2 楚·車 四2 兵
　　때림

⑦⑦ 五4 漢·馬 四2 車
　　때림

⑦⑧ 七4 楚·車 四4 兵
　　치고 장군

⑦⑨ 四2 漢·馬 三4

⑧⓪ 四4 楚·車 三4 馬
　　치고 장군

⑧① 三1 漢·車 三4 車
　　때림

⑧② 五7 楚·象 三4 車
　　때림

⑧③ 二4 漢·將 三4 象
　　때림

제12보로

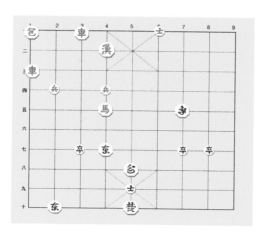

제11보

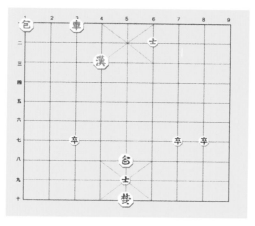

제12보

부록 박보(博譜)

　어느 한글사전에 「박보」라는 말을 장기 두는 법을 적은 책이라고 해석되어 있으나 이 해석은 잘못 되었으리라고 생각됩니다.

　왜냐하면 1958년 6월에 장기전서(將棋全書)(5단 林濟民, 5단 李正碩 공저)가 발행될 때까지 우리나라에는 장기 두는 법을 적은 책이 없었기 때문입니다.

　일제강점기에 장기의 「묘수풀이」, 즉 본장(本章)에 수록된 내용과 동류(同類)의 것이 단행본(單行本)으로 발행된 일이 있었는데, 그 책을 박보 책이라고 해왔습니다. 전문 기사 간에서도 박보라는 말은 장기의 행마(行馬) 룰에 따라 만들어진 퀴즈류로 알고 있으니, 일반적으로 박보라는 말은 장기의 퀴즈라고 해석하는 것이 옳을 줄 생각합니다.

　그런데 이 박보도 어느 때 누가 만들었는지는 전해오는 문헌(文獻)이 없는 탓으로 알 길이 없습니다만, 한 가지 재미나는 것은 어느 때부터인지 이 박보를 가지고 영업(營業)을 할 수 있었다는 일입니다. 그러니까 지금으로부터 약 3~40년 전만 하더라도 공원이나 야시장(夜市場) 같은 곳에 이 박보를 펴놓으면 많은 장기 애호가들이 모였고 그 가운데서 이길 수를 발견한 손님으로부터 얼마간의 현상금을 걸게 하고 이기면 두 배(倍)를 주고 못 이기면 섭섭지 않을 만한 기념품을 주었다니까 인기가 있었을 것만은 틀림없는 일입니다. 오늘날에 이르러서도 길거리나 공원 같은 데서 왕왕 볼 수 있으니 독자 여러분께서도 한 번쯤은 덤벼보신 일이 있으실 줄 믿습니다.

따라서 이 박보의 문제가 취미용으로부터 영업용(營業用)으로 변천되어 왔으며, 그 종 수(種數)로 말하자면 무려 만 종을 헤아리게 되었는데, 그 종의 대부분이 연(連=계속) 장군 박보이고 낱조각 박보(수장기)는 불과 기백 종 정도 뿐입니다.

　그런데 이 박보는 실전(實戰)과는 전혀 별개의 것으로 발전된 것이지만 그 풀이의 과정을 볼 때 조각을 죽이는 시기(時期)라든가, 「수」를 내는 착안(着眼)이라든가, 마지막에 이기는 형태 등을 볼 때 결코 실전에 참고가 안 되는 것은 아닙니다. 따라서 장기 수가 느는 데 적지 않은 도움이 되리라고 생각하고 여기 몇 가지 재미나는 것을 추려 보았습니다.

　되도록 이런 문제만을 가지고 조각을 움직이면서 해답을 발견한 다음 그 진부(眞否)의 판별용으로 해답란을 보시도록 덧붙여 말합니다.

1. 車二兵

　일명(一名)「車양卒」이라고도 불리는 이 보수 장기(譜手將棋)는 낱 장기 박보 중에서도 가장 대표적인 문제입니다.

　원래는「문제도」의 五9 楚·卒이 없었는데, 근대에 이르러 그 卒이 놓이므로 퍽 어려워졌습니다.

　아마 독자 가운데는 五9 楚·卒이 없는 경우,「참고도」와 같이 유도 (誘導)한다는 정해(正解)를 아시는 분이 계실 줄 믿습니다만 五9 楚·卒 로 인해 그리 간단치가 않습니다.

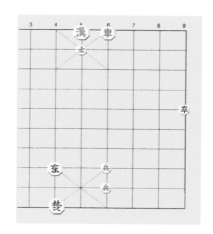

　그러면 이제부터 정수(定手)를 중 심으로 楚의 응수에 따라 달라지는 두 가지의 변화를 연구해 보겠습니 다.(도해(圖解)만 보시고도 아실 수 있도록 매(每) 도마다 漢 선수 楚 후수로 각각 한 수씩 진행된 상태를 잘랐습니다.)

문제도

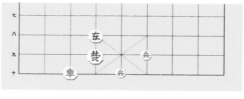

참고도

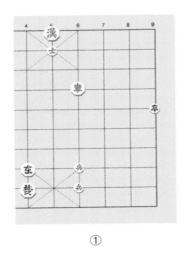

①

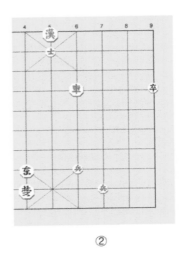

②

②에서 四6 漢·車가 八6 漢·兵을 지키기 위해 四9 楚·卒을 때릴 수가 없지만 양兵이 합해지고 나니 ②③④에서 卒을 쫓는 선수가 되어 있습니다.

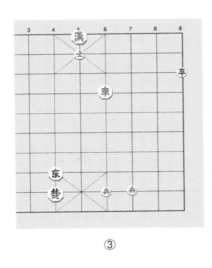

③

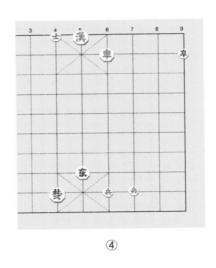

④

⑤에서 楚·車가 八3으로 한 밭을 나서 ⑥의 二5 漢·士 一4를 약속했
는데, 이때에는 八4 楚·車가 八6으로 횡단(橫斷)하는 구졸책(救卒策)도
있습니다.(뒤의 변화 도해 참조)

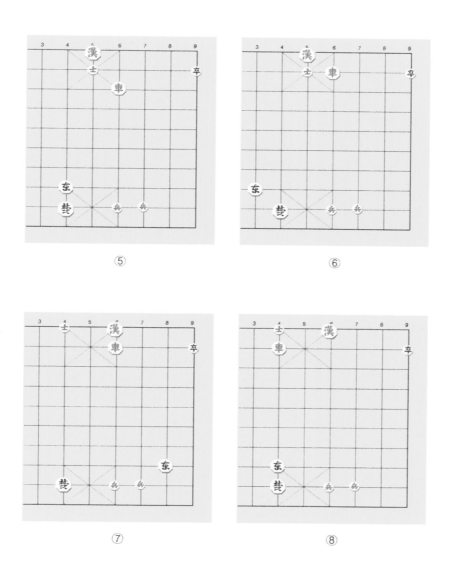

⑤

⑥

⑦

⑧

⑦에서 漢·車로 卒을 때리면 楚·車가 一8로 치켜 장군하고 一4 漢·
士를 치게 되니 부득이 ⑧ 이하의 코스를 밟게 되었으며, ⑬에 이르러
漢의 2단계(段階) 안궁이 이루어졌습니다.

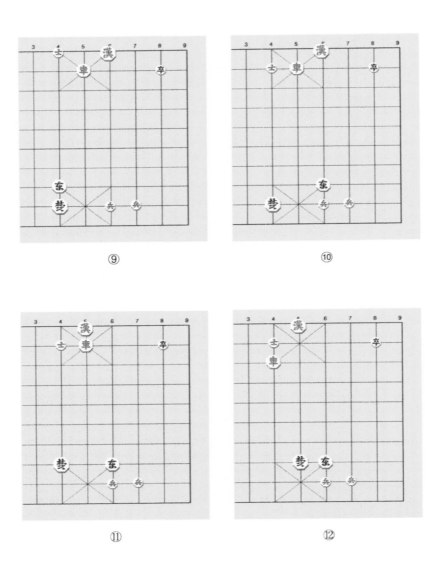

⑨

⑩

⑪

⑫

그동안 楚·卒도 한 발씩 漢궁(宮) 앞으로 다가갔지만⋯⋯.

⑮⑯의 순서에 따라 卒을 잡고 나면 漢궁의 위협도(威脅度)가 낮아지며, 따라서 거의 일방적인 공세가 가능하여 승점(勝點)까지 도달하는 것은 시간문제입니다.

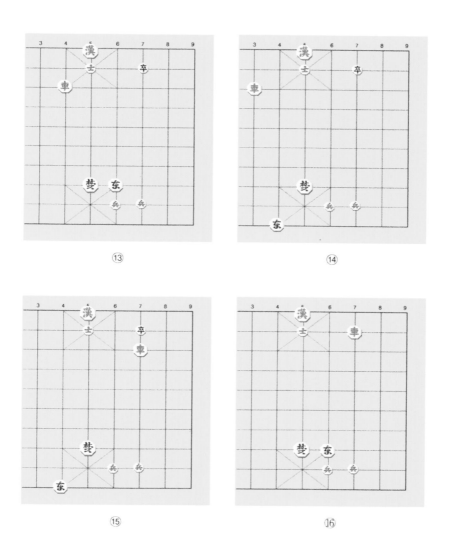

⑬

⑭

⑮

⑯

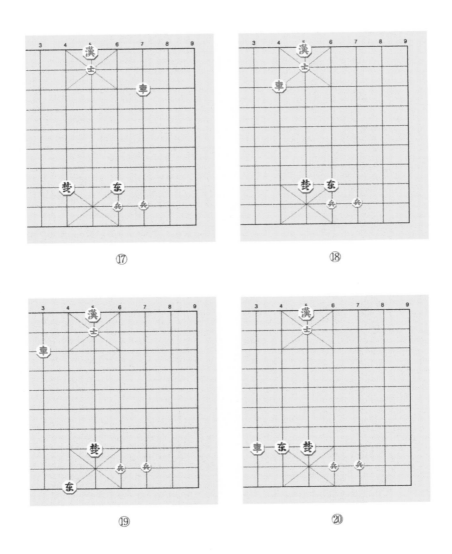

⑰　⑱

⑲　⑳

　　⑲에서 楚·車의 피할 길은 十4 뿐이며, ㉑에서는 楚·車가 중으로 떨어져야지 그렇지 않으면 漢·車의 十5 장군으로 지게 됩니다. 그러나 다음에 ㉒와 같이 漢·車가 우전(右轉)하게 되니 속수무책(束手無策)입니다.

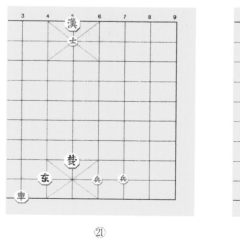

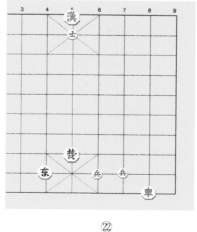

㉑ ㉒

변화 —

    지난 코스 중 ⑤에서 八4 楚·車가 八9로 나서서 二9 卒을 지키는 경우에는 다음의 순서를 따라야 합니다.

    변화 A에서

① 一5 漢·將 一6

② 九4 楚·將 十4

③ 二5 漢·士 三6

④ 八9 楚·車 八6

⑤ 二6 漢·車 二4 장군

⑥ 十4 楚·將 十5

⑦ 二4 漢·車 二5 장군

⑧ 十5 楚·將 十4

⑨ 二5 漢·車 一4 장군

⑩ 十4 楚·將 十5

⑪ 三6 漢·士 二6

⑫ 二9 楚·卒 二8

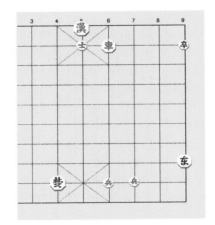

변화 A

변화 A1에서

⑬ 一4 漢·車 二5 장군

⑭ 十5 楚·將 十4

⑮ 二5 漢·車 三4 장군

⑯ 十4 楚·將 十5

⑰ 三4 漢·車 三8

⑱ 十5 楚·將 十4

⑲ 三8 漢·車 二8 卒 때림

⑳ 八6 楚·車 八3

㉑ 二6 漢·士 三6

㉒ 八3 楚·車 一3 장군

㉓ 一6 漢·將 二6

㉔ 一3 楚·車 二3 장군

㉕ 三6 漢·士 二5

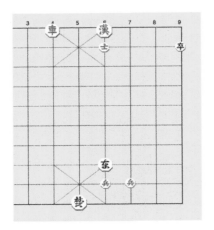

변화 A-1

변화 A2에서

㉖ 二3 楚·車 八3

㉗ 二8 漢·車 四8

㉘ 八3 楚·車 八6 장군

㉙ 二5 漢·士 三6

㉚ 八6 楚·車 八4

㉛ 四8 漢·車 四3

㉜ 八4 楚·車 二4 장군

㉝ 三6 漢·士 二5

㉞ 二4 楚·車 八4

㉟ 四3 漢·車 十3 장군

㊱ 十4 楚·將 九4

㊲ 十3 漢·車 九3 장군

㊳ 九4 楚·將 十4

㊴ 九7 漢·兵 十7

㊵ 八4 楚·車 八6 장군

㊶ 二5 漢·士 三6

㊷ 八6 楚·車 八4

㊸ 十7 漢·兵 十6

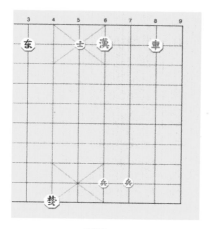

변화 A-2

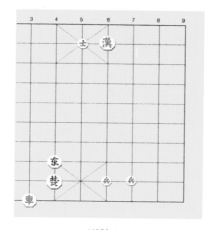

변화 A-3

변화 A4에서

㊹ 八4 楚·車 二4
　　장군

㊺ 三6 漢·士 二5

㊻ 二4 楚·車 八4

㊼ 九3 漢·車 十3
　　장군

㊽ 十4 楚·將 九4

㊾ 十6 漢·兵 十5

㊿ 八4 楚·車 八6
　　장군

㉛ 二5 漢·士 三6

변화 A5로

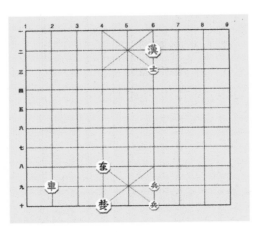

변화 A-4

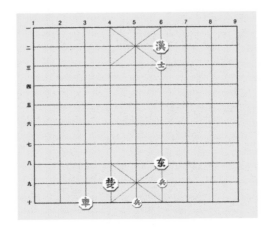

변화 A-5

변화 二

지난 정(定)코스 중 ⑪에서 楚의 응수 방법이 두 가지 있습니다. 그 하나는 물론 ⑪ 이하의 노선(路線)이며 다른 또 한 길은 변화 B와 같이 楚·車가 八4로 돌아오는 방법으로, 그 후의 순서를 다음에 적어 보겠습니다.

변화 B에서

① 二8 楚·卒 二7

② 二5 漢·車 二7 卒
　　때림

③ 八4 楚·車 八9

④ 二4 漢·士 二5

⑤ 九4 楚·將 十4

⑥ 二5 漢·士 三6

⑦ 八9 楚·車 一9
　　장군

⑧ 一6 漢·將 二6

⑨ 十4 楚·將 十5

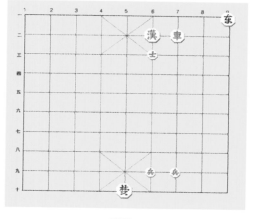

변화 B

변화 B1에서

⑩ 二7 漢·車 二8

⑪ 一9 楚·車 十9

⑫ 二8 漢·車 一8

⑬ 十9 楚·車 二9 장군

⑭ 二6 漢·將 一6

⑮ 二9 楚·車 十9

⑯ 三6 漢·士 二5

⑰ 十5 楚·將 十4

⑱ 一6 漢·將 一5

⑲ 十4 楚·將 十5

⑳ 二5 漢·士 三5

㉑ 十5 楚·將 十4

㉒ 一8 漢·車 一6

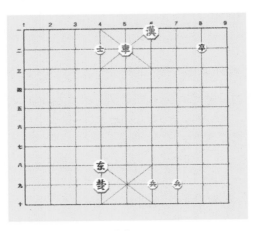

변화 B-1

변화 B2에서

㉓ 十4 楚·將 十5

㉔ 十6 漢·車 三4

㉕ 十9 楚·車 一9
　　장군

㉖ 一5 漢·將 二5

㉗ 十9 楚·車 二9
　　장군

㉘ 二5 漢·將 一4

㉙ 二9 楚·車 一9
　　장군

㉚ 一4 漢·將 二4

㉛ 一9 楚·車 八9

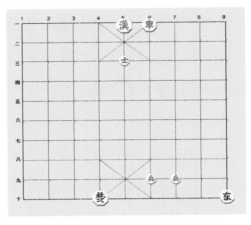

변화 B-2

변화 B3에서

㉜ 三4 漢·車 九4

㉝ 八9 楚·車 八5

㉞ 九6 漢·兵 十6
　　　장군

㉟ 十5 楚·將 十6 兵
　　　때림

㊱ 九4 漢·車 十4
　　　장군

㊲ 八5 楚·車 十5

㊳ 十4 漢·車 八6
　　　장군

변화 B4로

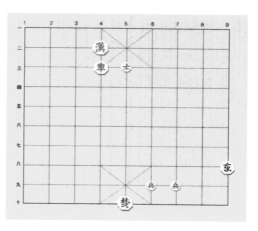

변화 B-3

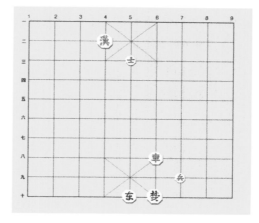

변화 B-4

2. 연장군 박보 문제와 해답(30제)

문제(1)의 정해(正解)

① 八6 漢·車 九6
② 十6 楚·將 九6
③ 十4 漢·車 八6
④ 九6 楚·將 八6
⑤ 七5 漢·兵 七6
⑥ 八6 楚·將 九6
⑦ 七6 漢·兵 八6
⑧ 九6 楚·將 八6
⑨ 七7 漢·兵 八7
⑩ 八6 楚·將 九6
⑪ 八7 漢·兵 八6
⑫ 九6 楚·將 八6
⑬ 三2 漢·包 三6
⑭ 五1 楚·車 五6
⑮ 四6 漢·象 六9
⑯ 八6 楚·將 八5
⑰ 六9 漢·象 八6

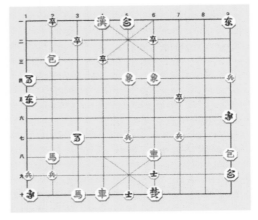

문제(1)

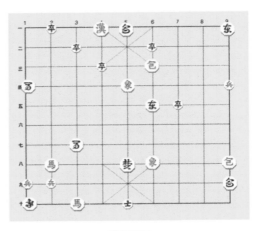

해답도(1)

문제(2)의 정해

① 八2 漢·車 九2
② 九4 楚·將 十4
③ 九2 漢·車 九4
④ 十4 楚·將 九4
⑤ 六2 漢·車 九2
⑥ 九4 楚·將 十4
⑦ 九2 漢·車 九4
⑧ 十4 楚·將 九4
⑨ 六1 漢·馬 七3
⑩ 九4 楚·將 十4
⑪ 六4 漢·馬 八3
⑫ 十4 楚·將 九4
⑬ 八3 漢·馬 九1
⑭ 九4 楚·將 十4
⑮ 九1 漢·馬 八3
⑯ 十4 楚·將 九4
⑰ 八3 漢·馬 十2
⑱ 九4 楚·將 十4
⑲ 七3 漢·馬 九2

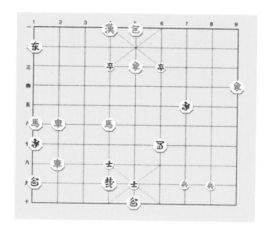

문제(2)

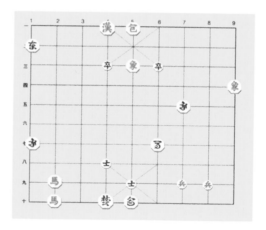

해답도(2)

문제 (3)의 정해

① 五4 漢·包 十4
② 十5 楚·士 十4
③ 九9 漢·車 十9
④ 十6 楚·將 九6
⑤ 八7 漢·兵 九7
⑥ 九6 楚·將 八6
⑦ 十9 漢·車 八9
⑧ 六7 楚·馬 八8
⑨ 六8 漢·馬 七6
⑩ 八6 楚·將 八5
⑪ 七4 漢·兵 七5
⑫ 八5 楚·將 八4
⑬ 七1 漢·馬 九2
⑭ 九1 楚·包 九3
⑮ 七5 漢·兵 八5
⑯ 八4 楚·將 八5
⑰ 九2 漢·馬 七3
⑱ 五5 楚·馬 七4
⑲ 五1 漢·車 五5

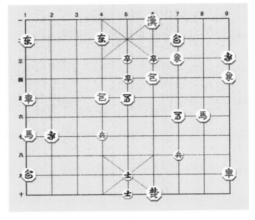

문제(3)

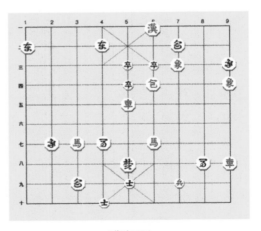

해답도(3)

문제 (4)의 정해

① 九7 漢·車 八7

② 六6 楚·將 九6

③ 六1 漢·包 九1

④ 九5 楚·士 八4

⑤ 八7 漢·車 九7

⑥ 九6 楚·將 十6

⑦ 九7 漢·車 十7

⑧ 十6 楚·將 九5

⑨ 六5 漢·車 八5

⑩ 九5 楚·將 八5

⑪ 十7 漢·車 八7

⑫ 八5 楚·將 九5

⑬ 八3 漢·兵 九3

⑭ 一2 楚·車 九2

⑮ 九3 漢·兵 九4

⑯ 八4 楚·士 九4

⑰ 五3 漢·馬 七4

⑱ 十3 楚·馬 八4

⑲ 八7 漢·車 八4

⑳ 九5 楚·將 十5

㉑ 七4 漢·馬 八6

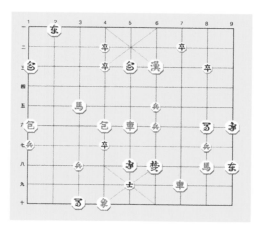

문제(4)

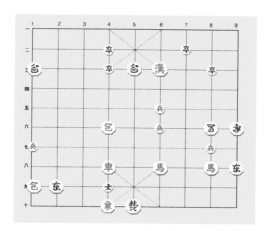

해답도(4)

문제 (5)의 정해

① 四6 漢·車 十6
② 九7 楚·馬 十5
③ 十6 漢·車 九5
④ 十4 楚·將 九5
⑤ 七4 漢·兵 八4
⑥ 九5 楚·將 九6
⑦ 四1 漢·車 四6
⑧ 十5 楚·馬 八6
⑨ 七8 漢·兵 八8
⑩ 九9 楚·車 七9
⑪ 四6 漢·車 八6
⑫ 九6 楚·將 八6
⑬ 八8 漢·兵 八7
⑭ 八6 楚·將 九6
⑮ 八7 漢·兵 八6
⑯ 九6 楚·將 八6
⑰ 七7 漢·兵 八7
⑱ 八6 楚·將 九6
⑲ 八7 漢·兵 八6
⑳ 九6 楚·將 八6
㉑ 八4 漢·兵 八5
㉒ 八6 楚·將 九6
㉓ 十7 漢·包 四7
㉔ 九6 楚·將 十6
㉕ 十8 漢·馬 八7

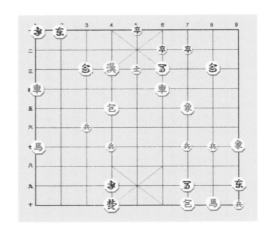

문제(5)

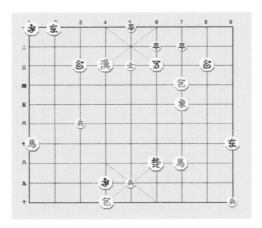

해답도(5)

㉖ 十6 楚·將 九6
㉗ 八5 漢·兵 九5
㉘ 九6 楚·將 八6
㉙ 五4 漢·包 十4

문제 (6)의 정해

① 八3 漢·兵 八4

② 十3 楚·馬 八4

③ 四4 漢·車 八4

④ 九5 楚·將 八4

⑤ 十8 漢·馬 九6

⑥ 八4 楚·將 八5

⑦ 四2 漢·車 四5

⑧ 八5 楚·將 八6

⑨ 四5 漢·車 九5

⑩ 七2 楚·象 九5

⑪ 十9 漢·包 十4

⑫ 八6 楚·將 九6

⑬ 八7 漢·象 六4

⑭ 六2 楚·包 六4

⑮ 四1 漢·象 七3

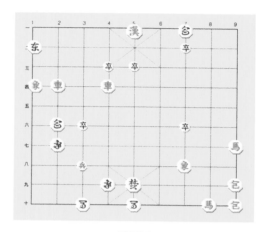

문제(6)

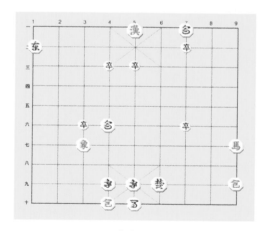

해답도(6)

문제 (7)의 정해

① 六4 漢·馬 八3
② 十4 楚·將 九4
③ 八5 漢·兵 八4
④ 九4 楚·將 八4
⑤ 八6 漢·兵 九5
⑥ 八4 楚·將 八5
⑦ 八3 漢·馬 十4
⑧ 八5 楚·將 九5
⑨ 四9 漢·車 九9
⑩ 八1 楚·包 九9
⑪ 十6 漢·包 十8
⑫ 九5 楚·將 八4
⑬ 十4 漢·馬 九2
⑭ 八4 楚·將 八5
⑮ 九2 漢·馬 七3
⑯ 八5 楚·將 八4
⑰ 七3 漢·馬 六5
⑱ 五7 楚·馬 六5
⑲ 五8 漢·車 五4
⑳ 五3 楚·卒 五4
㉑ 三9 漢·象 六7

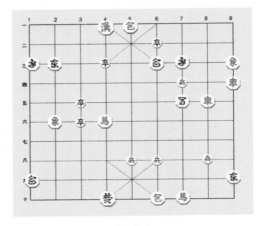

문제(7)

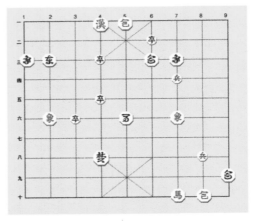

해답도(7)

문제 (8)의 정해

① 九6 漢·車 九4

② 八4 楚·士 九4

③ 七5 漢·馬 八3

④ 九9 楚·包 九3

⑤ 八6 漢·兵 九6

⑥ 九4 楚·士 九5

⑦ 六6 漢·包 十6

⑧ 十4 楚·將 九4

⑨ 八3 漢·馬 七5

⑩ 九5 楚·士 八5

⑪ 六9 漢·車 六4

⑫ 六3 楚·馬 八4

⑬ 六4 漢·車 八4

⑭ 九4 楚·將 八4

⑮ 七5 漢·馬 六3

⑯ 八4 楚·將 九4

⑰ 六3 漢·馬 八2

⑱ 九4 楚·將 八4

⑲ 三5 漢·象 六7

⑳ 四6 楚·車 六6

㉑ 九6 漢·兵 九5

㉒ 七8 楚·象 十6

㉓ 十2 漢·包 十6

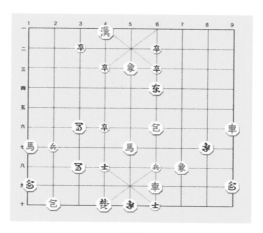

문제(8)

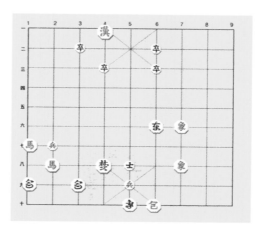

해답도(8)

문제 (9)의 정해

① 九7 漢·車 十7

② 十6 楚·將 九6

③ 八7 漢·車 六7

④ 九6 楚·將 八6

⑤ 三7 漢·象 六9

⑥ 八9 楚·馬 六8

⑦ 十7 漢·車 十6

⑧ 九5 楚·士 十6

⑨ 八8 漢·馬 十7

⑩ 八6 楚·將 九5

⑪ 六7 漢·車 九7

⑫ 九5 楚·將 十4

⑬ 十8 漢·包 十6

⑭ 十5 楚·馬 八6

⑮ 十6 漢·包 十1

⑯ 八6 楚·馬 十5

⑰ 八1 漢·馬 十2

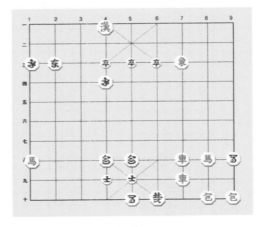

문제(9)

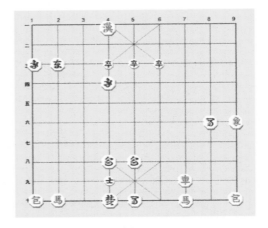

해답도(9)

문제 (10)의 정해

① 八5 漢·車 九5
② 十4 楚·將 九5
③ 十7 漢·兵 八6
④ 九5 楚·將 八6
⑤ 九9 漢·馬 十7
⑥ 八6 楚·將 八5
⑦ 七4 漢·兵 八4
⑧ 八5 楚·將 八4
⑨ 七9 漢·象 五6
⑩ 八4 楚·將 八5
⑪ 五9 漢·包 五5
⑫ 九4 楚·馬 七5
⑬ 六5 漢·兵 七5
⑭ 八5 楚·將 八4
⑮ 七5 漢·兵 七4
⑯ 八4 楚·將 九4
⑰ 八3 漢·象 六6
⑱ 五3 楚·象 七6
⑲ 七4 漢·兵 八4
⑳ 九4 楚·將 八4
㉑ 六6 漢·象 四3
㉒ 八4 楚·將 八5
㉓ 五5 漢·包 一5
㉔ 三6 楚·卒 二5
㉕ 三5 漢·士 二5

㉖ 三4 楚·卒 三5
㉗ 二5 漢·士 三5
㉘ 二9 楚·車 二5
㉙ 三5 漢·士 二5

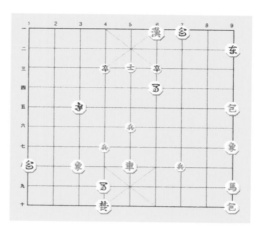

문제(10)

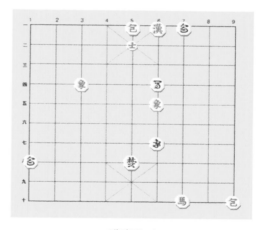

해답도(10)

문제 (11)의 정해

① 八4 漢·兵 九4
② 十4 楚·將 十5
③ 九4 漢·兵 十4
④ 十5 楚·將 十4
⑤ 九7 漢·車 九4
⑥ 十4 楚·將 十5
⑦ 九4 漢·車 十4
⑧ 十5 楚·將 十4
⑨ 五3 漢·象 八1
⑩ 十4 楚·將 十5
⑪ 十3 漢·馬 八4
⑫ 十5 楚·將 九5
⑬ 四2 漢·車 九2
⑭ 九9 楚·包 九2
⑮ 七5 漢·兵 八5
⑯ 九5 楚·將 九6
⑰ 五1 漢·包 五6
⑱ 六6 楚·車 五6
⑲ 八5 漢·兵 八6
⑳ 九6 楚·將 八6
㉑ 七3 漢·馬 六5
㉒ 六4 楚·卒 六5
㉓ 七7 漢·兵 八7
㉔ 八8 楚·車 八7
㉕ 八4 漢·馬 六5
㉖ 八6 楚·將 九6
㉗ 八1 漢·象 六4
㉘ 八7 楚·車 八5

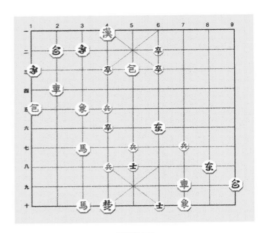

문제(11)

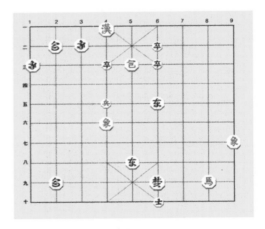

해답도(11)

㉙ 六5 漢·馬 七7
㉚ 九6 楚·將 八6
㉛ 七7 漢·馬 九8
㉜ 八6 楚·將 九6
㉝ 十7 漢·象 七9

문제 (12)의 정해

① 九7 漢·車 十7

② 十6 楚·將 九6

③ 八7 漢·車 九7

④ 九6 楚·將 八6

⑤ 九7 漢·車 九6

⑥ 九5 楚·士 九6

⑦ 十7 漢·車 八7

⑧ 八5 楚·包 八7

⑨ 八8 漢·馬 十7

⑩ 八6 楚·將 八5

⑪ 六3 漢·兵 七3

⑫ 二2 楚·車 六2

⑬ 十7 漢·馬 九5

⑭ 八5 楚·將 八6

⑮ 七1 漢·象 五4

⑯ 六2 楚·車 六4

⑰ 九5 漢·馬 七4

⑱ 八6 楚·將 八5

⑲ 六9 漢·馬 七7

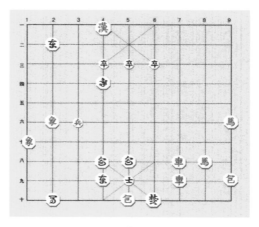

문제(12)

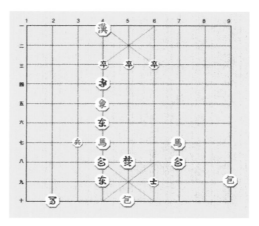

해답도(12)

문제 (13)의 정해

① 九2 漢·車 九4
② 十4 楚·將 十5
③ 一9 漢·包 十9
④ 九8 楚·車 十8
⑤ 四6 漢·車 十6
⑥ 十5 楚·將 十6
⑦ 九4 漢·車 十4
⑧ 九7 楚·馬 十5
⑨ 七5 漢·馬 八7
⑩ 十6 楚·將 九6
⑪ 十4 漢·車 九4
⑫ 九6 楚·將 八6
⑬ 十9 漢·包 八9
⑭ 十8 楚·車 八8
⑮ 八7 漢·馬 十6
⑯ 八8 楚·車 九8
⑰ 九4 漢·車 十4
⑱ 八6 楚·將 九6
⑲ 十4 漢·車 九5

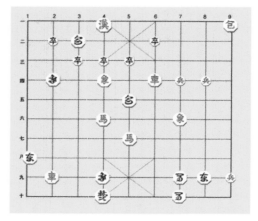

문제(13)

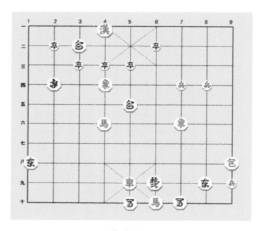

해답도(13)

문제 (14)의 정해

① 六6 漢·象 八9
② 九6 楚·車 九7
③ 二6 漢·士 二5
④ 八6 楚·士 八5
⑤ 五7 漢·兵 五6
⑥ 八5 楚·士 八6
⑦ 五6 漢·兵 五5
⑧ 八6 楚·士 八5
⑨ 四5 漢·兵 四6
⑩ 八5 楚·士 八6
⑪ 七3 漢·包 七6
⑫ 八6 楚·士 八5
⑬ 七6 漢·包 三6
⑭ 八5 楚·士 八6
⑮ 三6 漢·包 五6
⑯ 八6 楚·士 八5
⑰ 五6 漢·包 五4
⑱ 八5 楚·士 八6
⑲ 四6 漢·兵 四5
⑳ 八6 楚·士 八5
㉑ 八9 漢·象 六6
㉒ 八5 楚·士 八6
㉓ 六6 漢·象 四9
㉔ 八6 楚·士 八5
㉕ 四9 漢·象 二6
㉖ 八5 楚·士 八6
㉗ 二6 漢·象 五8

㉘ 八6 楚·士 八5
㉙ 五8 漢·象 八6
㉚ 九7 楚·車 九6
㉛ 五4 漢·包 十4

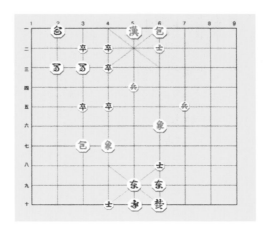

문제(14)

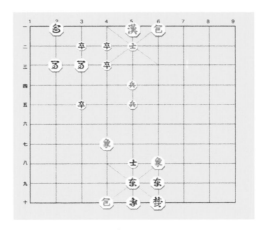

해답도(14)

문제 (15)의 정해

① 八6 漢·兵 九6
② 九5 楚·士 九6
③ 八2 漢·包 八6
④ 十6 楚·將 九5
⑤ 四6 漢·象 六3
⑥ 九5 楚·將 八5
⑦ 八6 漢·包 十6
⑧ 九6 楚·士 八6
⑨ 四2 漢·包 八2
⑩ 八3 楚·馬 七5
⑪ 八9 漢·車 八5
⑫ 八5 楚·將 八6
⑬ 六6 漢·兵 七6
⑭ 八6 楚·將 八5
⑮ 七6 漢·兵 七5
⑯ 八5 楚·將 八6
⑰ 七5 漢·兵 七6
⑱ 八6 楚·將 八5
⑲ 七6 漢·兵 八6
⑳ 八5 楚·將 八6
㉑ 六4 漢·兵 七4
㉒ 二4 楚·車 六4
㉓ 七4 漢·兵 八4
㉔ 十4 楚·馬 八5

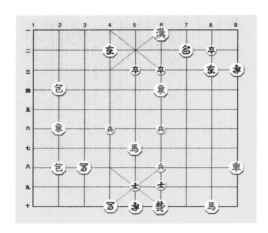

문제(15)

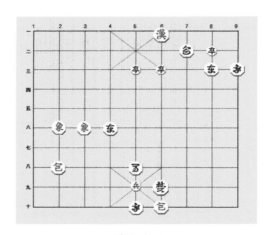

해답도(15)

㉕ 十8 漢·馬 九6
㉖ 八6 楚·將 九6
㉗ 八4 漢·兵 九5

문제 (16)의 정해

① 七4 漢·車 十4
② 九3 楚·馬 十5
③ 十4 漢·車 九5
④ 十6 楚·將 九5
⑤ 七6 漢·兵 八6
⑥ 九5 楚·將 八6
⑦ 六6 漢·兵 七6
⑧ 八6 楚·將 九5
⑨ 七6 漢·兵 八6
⑩ 九5 楚·將 八6
⑪ 八9 漢·車 八7
⑫ 八6 楚·將 九5
⑬ 七5 漢·馬 八3
⑭ 九5 楚·將 九4
⑮ 五4 漢·象 七7

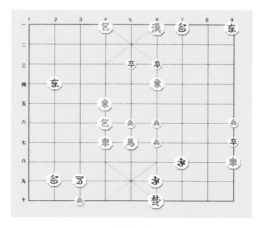

문제(16)

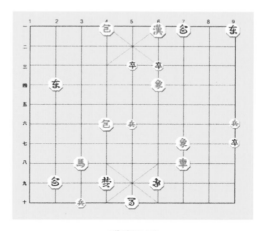

해답도(16)

문제 (17)의 정해

① 四8 漢·象 二5
② 八4 楚·士 八5
③ 二5 漢·象 五3
④ 八5 楚·士 八4
⑤ 三4 漢·士 三5
⑥ 八4 楚·士 八5
⑦ 三5 漢·士 三6
⑧ 八5 楚·士 八4
⑨ 五3 漢·象 二5
⑩ 八4 楚·士 八5
⑪ 三8 漢·包 三5
⑫ 八5 楚·士 八4
⑬ 三5 漢·包 三7
⑭ 八4 楚·士 八5
⑮ 二5 漢·象 五7
⑯ 八5 楚·士 八4
⑰ 三7 漢·包 十7
⑱ 十5 楚·將 九5
⑲ 五7 漢·象 八5
⑳ 九5 楚·將 八5
㉑ 三6 漢·士 三5

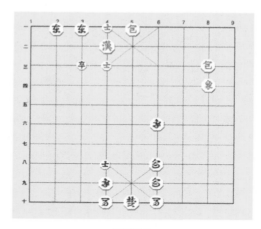

문제(17)

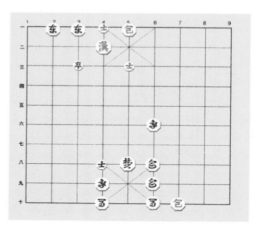

해답도(17)

문제 (18)의 정해

① 三2 漢·包 三6
② 三5 楚·卒 三6
③ 三1 漢·象 五4
④ 五5 楚·卒 五4
⑤ 四6 漢·馬 六5
⑥ 五7 楚·馬 六5
⑦ 九7 漢·車 九6
⑧ 十6 楚·士 九6
⑨ 九2 漢·車 九6
⑩ 六8 楚·象 九6
⑪ 八8 漢·馬 十7
⑫ 十5 楚·馬 九7
⑬ 七1 漢·象 十3
⑭ 七2 楚·象 九5
⑮ 四4 漢·包 十4
⑯ 九5 楚·象 七2
⑰ 十4 漢·包 十1
⑱ 七2 楚·象 九5
⑲ 十1 漢·包 十6

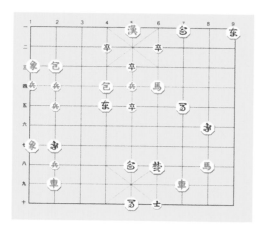

문제(18)

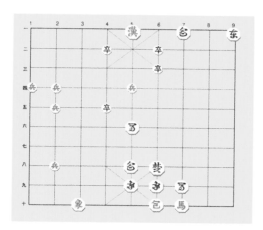

해답도(18)

문제 (19)의 정해

① 六6 漢·象 八9
② 十6 楚·將 九6
③ 一2 漢·包 一6
④ 四7 楚·卒 四6
⑤ 二6 漢·士 二5
⑥ 三5 楚·卒 三6
⑦ 七7 漢·車 九7
⑧ 九6 楚·將 八6
⑨ 五5 漢·車 八5
⑩ 八6 楚·將 八5
⑪ 九7 漢·車 八7
⑫ 九5 楚·士 八6
⑬ 十5 漢·馬 九7
⑭ 八5 楚·將 九5
⑮ 一9 漢·包 九9
⑯ 八6 楚·士 九6
⑰ 八7 漢·車 八6
⑱ 九5 楚·將 八6
⑲ 九7 漢·馬 七8
⑳ 八6 楚·將 八5
㉑ 八9 漢·象 五7
㉒ 八5 楚·將 八4
㉓ 一6 漢·包 三4
㉔ 四5 楚·馬 六4

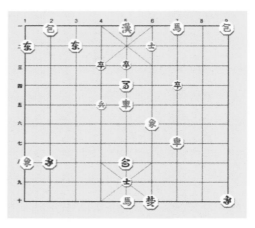

문제(19)

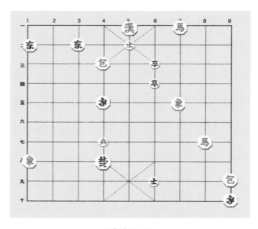

해답도(19)

㉕ 五4 漢·兵 六4
㉖ 八2 楚·象 五4
㉗ 六4 漢·兵 七4

문제 (20)의 정해

① 九7 漢·車 十7
② 九5 楚·士 十5
③ 十7 漢·車 八7
④ 十4 楚·將 九5
⑤ 九3 漢·兵 九4
⑥ 九5 楚·將 九4
⑦ 八9 漢·馬 九7
⑧ 十5 楚·士 九5
⑨ 九2 漢·兵 九3
⑩ 九4 楚·將 十4
⑪ 八7 漢·車 八4
⑫ 九5 楚·士 八4
⑬ 九3 漢·兵 十3

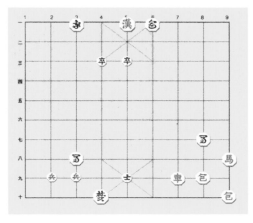

문제(20)

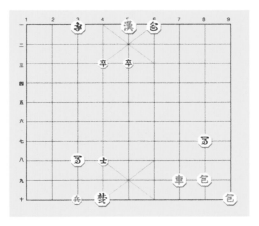

해답도(20)

문제 (21)의 정해

① 九8 漢·車 九6
② 九5 楚·士 九6
③ 七5 漢·馬 九4
④ 六2 楚·象 九4
⑤ 七3 漢·馬 九4
⑥ 十6 楚·將 九5
⑦ 七7 漢·車 七5
⑧ 九5 楚·將 十4
⑨ 八1 漢·包 十1
⑩ 十5 楚·包 十2
⑪ 九4 漢·馬 十2

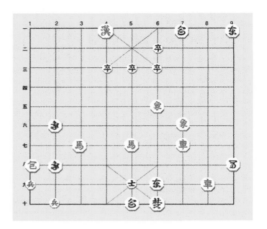

문제(21)

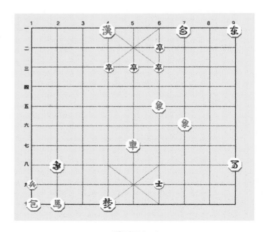

해답도(21)

문제 (22)의 정해

① 六6 漢·兵 七6
② 三6 楚·車 七6
③ 九2 漢·車 九5
④ 七4 楚·馬 九5
⑤ 九9 漢·車 九6
⑥ 十4 楚·馬 九6
⑦ 十1 漢·包 十6
⑧ 九6 楚·馬 八8
⑨ 十6 漢·包 八4
⑩ 八5 楚·象 五3
⑪ 十2 漢·象 八5
⑫ 八6 楚·將 八5
⑬ 五4 漢·馬 七3
⑭ 八5 楚·將 八6
⑮ 三7 漢·象 五4
⑯ 六1 楚·車 六4
⑰ 八4 漢·包 八2
⑱ 五3 楚·象 八5
⑲ 七3 漢·馬 六5
⑳ 七6 楚·車 七5
㉑ 五5 漢·馬 六7

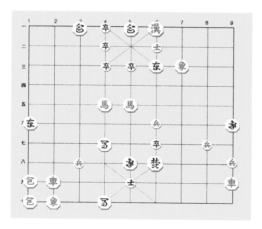

문제(22)

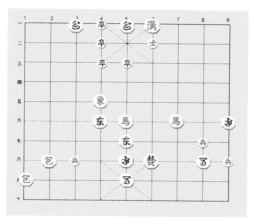

해답도(22)

문제 (23)의 정해

① 六8 漢·馬 八7
② 六9 楚·象 九7
③ 二4 漢·包 八4
④ 九5 楚·車 八6
⑤ 十2 漢·馬 九4
⑥ 九1 楚·包 九5
⑦ 十4 漢·車 九5
⑧ 十6 魯·將 九5
⑨ 七1 漢·包 九1
⑩ 九5 楚·將 九4
⑪ 六1 漢·象 九3
⑫ 九4 楚·將 十4
⑬ 八4 漢·包 六4
⑭ 八6 楚·車 八4
⑮ 九3 漢·象 六1
⑯ 十4 楚·將 九4
⑰ 八7 漢·馬 七5
⑱ 九4 楚·將 九5
⑲ 七5 漢·馬 九4
⑳ 九5 楚·將 九4
㉑ 七4 漢·兵 八4

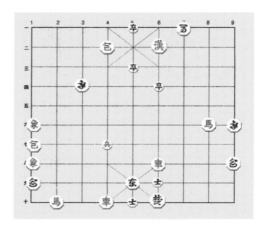

문제(23)

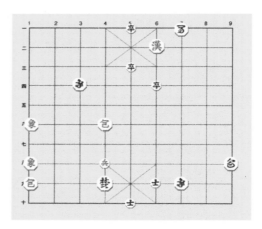

해답도(23)

문제 (24)의 정해

① 七1 漢·車 七4

② 十4 楚·將 十5

③ 九6 漢·車 九5

④ 十5 楚·將 九5

⑤ 十6 漢·馬 八5

⑥ 九5 楚·將 九6

⑦ 七4 漢·馬 七6

⑧ 五7 楚·馬 七6

⑨ 五6 漢·象 七9

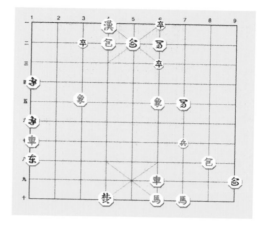

문제(24)

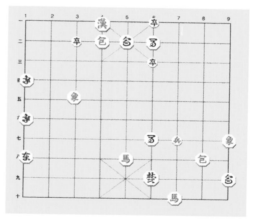

해답도(24)

문제 (25)의 정해

① 八7 漢·馬 七5
② 七9 楚·包 七5
③ 八8 漢·車 八4
④ 九4 楚·將 八4
⑤ 十8 漢·包 十6
⑥ 九5 楚·象 六7
⑦ 七8 漢·象 九5
⑧ 八4 楚·將 九4
⑨ 九5 漢·象 六7
⑩ 九6 楚·馬 七7
⑪ 四6 漢·車 九6
⑫ 九4 楚·將 八4
⑬ 九6 漢·車 八6
⑭ 十4 楚·馬 八5
⑮ 十6 漢·包 十1
⑯ 十3 楚·車 十3
⑰ 八2 漢·兵 八3
⑱ 八4 楚·將 九4
⑲ 九2 漢·兵 九3
⑳ 八5 楚·馬 九3
㉑ 八3 漢·兵 九3

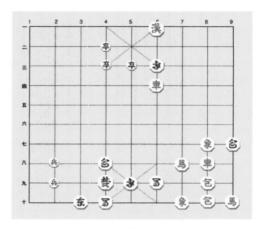

문제(25)

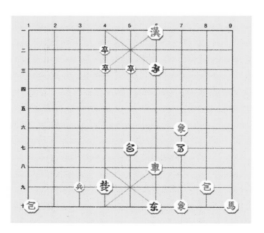

해답도(25)

문제 (26)의 정해

① 六1 漢·車 六4
② 九5 楚·士 九4
③ 四4 漢·包 七4
④ 九4 楚·士 九5
⑤ 七4 漢·包 三4
⑥ 九5 楚·士 九4
⑦ 六4 漢·車 六3
⑧ 九4 楚·士 九5
⑨ 四5 漢·兵 四4
⑩ 九5 楚·士 八4
⑪ 四4 漢·兵 四3
⑫ 八4 楚·士 九5
⑬ 十6 漢·兵 十5
⑭ 十4 楚·將 九4
⑮ 六3 漢·車 九3
⑯ 九4 楚·將 八4
⑰ 八2 漢·兵 八3
⑱ 八4 楚·將 八5
⑲ 九3 漢·車 九5
⑳ 六7 楚·象 九5
㉑ 八1 漢·馬 九3
㉒ 八5 楚·將 八6
㉓ 十1 漢·包 八1
㉔ 八6 楚·將 九6
㉕ 九2 漢·象 六4
㉖ 四1 楚·象 六4
㉗ 三4 漢·包 九4
㉘ 九5 楚·象 六7
㉙ 九4 漢·包 九2
㉚ 六7 楚·象 九5

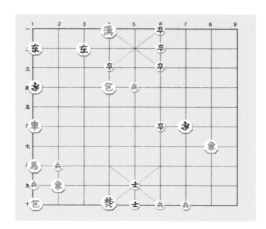

문제(26)

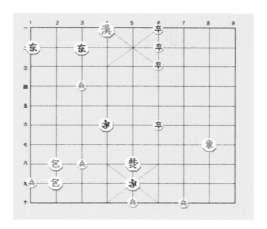

해답도(26)

㉛ 九3 漢·馬 八5
㉜ 九6 楚·將 八6
㉝ 八1 漢·包 八4
㉞ 八6 楚·將 八5
㉟ 八4 漢·包 八2

문제 (27)의 정해

① 七4 漢·兵 八4
② 九4 楚·將 八4
③ 八2 漢·兵 八3
④ 八4 楚·將 九4
⑤ 八9 漢·馬 九7
⑥ 十5 楚·士 九5
⑦ 八3 漢·兵 九3
⑧ 九4 楚·將 八4
⑨ 九7 漢·馬 七6
⑩ 八4 楚·將 八5
⑪ 六5 漢·兵 七5
⑫ 八5 楚·將 八6
⑬ 十1 漢·包 十4
⑭ 九5 楚·士 九6
⑮ 七5 漢·兵 八5
⑯ 八6 楚·將 八5
⑰ 十9 漢·車 十5
⑱ 七2 楚·象 九5
⑲ 七6 漢·馬 六4
⑳ 八5 楚·將 八4
㉑ 九3 漢·兵 九4
㉒ 八4 漢·將 九4
㉓ 十5 漢·車 九5

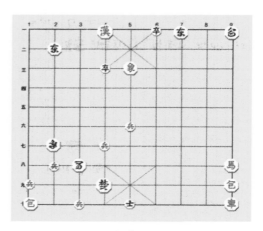

문제(27)

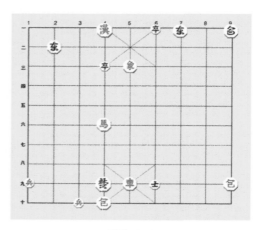

해답도(27)

문제 (28)의 정해

① 九8 漢·車 十8
② 十5 楚·包 十8
③ 九6 漢·馬 十8
④ 八6 楚·馬 十7
⑤ 十8 漢·馬 八7
⑥ 十6 楚·將 九6
⑦ 八7 漢·馬 六6
⑧ 九6 楚·將 八6
⑨ 三1 漢·包 三6
⑩ 五7 楚·卒 五6
⑪ 六6 漢·馬 七8
⑫ 八6 楚·將 八5
⑬ 七8 漢·馬 九7
⑭ 八5 楚·將 八4
⑮ 八2 漢·兵 八3
⑯ 一3 楚·包 八3
⑰ 七9 漢·象 五6
⑱ 八4 楚·將 九4
⑲ 九2 漢·兵 九3

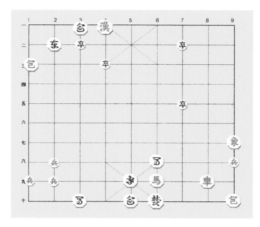

문제(28)

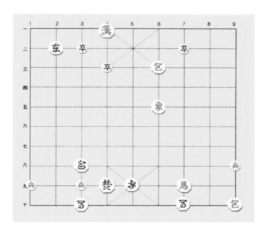

해답도(28)

문제 (29)의 정해

① 九6 漢·包 五6
② 九5 楚·將 十4
③ 四4 漢·象 七2
④ 七1 楚·卒 七2
⑤ 九7 漢·車 九4
⑥ 八4 楚·士 九4
⑦ 十2 漢·馬 八3
⑧ 七6 楚·象 九3
⑨ 五6 漢·包 五4
⑩ 九4 楚·士 九5
⑪ 六5 漢·馬 八4
⑫ 九5 楚·士 九4
⑬ 八4 漢·馬 六3
⑭ 九4 楚·士 九5
⑮ 八3 漢·馬 六4
⑯ 九5 楚·士 九4
⑰ 六4 漢·馬 七6
⑱ 九4 楚·士 九5
⑲ 六3 漢·馬 八4
⑳ 九5 楚·士 九4
㉑ 八4 漢·馬 七2
㉒ 九4 楚·士 九5
㉓ 七2 漢·馬 六4
㉔ 九5 楚·士 九4

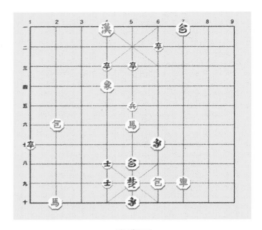

문제(29)

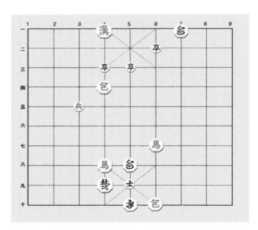

해답도(29)

㉕ 五4 漢·包 七4
㉖ 九4 楚·士 九5
㉗ 七4 漢·包 四4
㉘ 九5 楚·士 八4
㉙ 六4 漢·馬 七2
㉚ 八4 楚·士 九5
㉛ 七2 漢·馬 八4
㉜ 九5 楚·士 九4
㉝ 八4 漢·馬 六3
㉞ 九4 楚·士 九5
㉟ 五5 漢·兵 四4
㊱ 九5 楚·士 九4
㊲ 六2 漢·包 六4

㊳ 九4 楚·士 九5
㊴ 六3 漢·馬 八4
㊵ 九5 楚·士 九4
㊶ 八4 漢·馬 六5
㊷ 九4 楚·士 九5
㊸ 六4 漢·包 六6
㊹ 九5 楚·士 九4
㊺ 五4 漢·兵 五5
㊻ 九4 楚·士 九5
㊼ 六6 漢·包 十6
㊽ 十4 楚·將 九6
㊾ 六5 漢·馬 八4

문제 (30)의 정해

① 八4 漢·包 四4
② 五6 楚·馬 四4
③ 八3 漢·車 十3
④ 十4 楚·將 九4
⑤ 十3 漢·車 十4
⑥ 九4 楚·將 十4
⑦ 六2 漢·馬 八3
⑧ 十4 楚·將 九4
⑨ 八3 漢·馬 十2

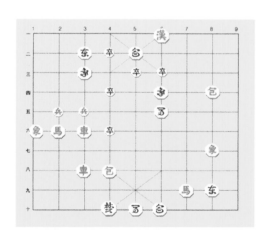

문제(30)

⑩ 十6 楚·包 十2

⑪ 六3 漢·車 六4

⑫ 十5 楚·馬 八4

⑬ 六4 漢·車 八4

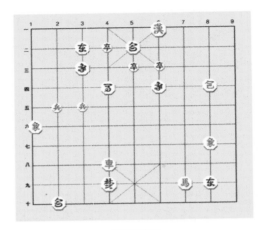

해답도(30)

必勝
이기는 장기 묘수 비법

초판 2쇄 인쇄 2024년 4월 5일
초판 2쇄 발행 2024년 4월 10일

공 저 임제민, 윤웅식
발행인 김현호
발행처 법문북스(일문판)
공급처 법률미디어

주소 서울 구로구 경인로 54길4(구로동 636-62)
전화 02)2636-2911~2, **팩스** 02)2636-3012
홈페이지 www.lawb.co.kr

등록일자 1979년 8월 27일
등록번호 제5-22호

ISBN 978-89-7535-766-4 (03690)

정가 14,000원

이 도서의 국립중앙도서관 출판예정도서목록(CIP)은 서지정보유통지원시스템 홈페이지(http://seoji.nl.go.kr)와 국가자료종합목록 구축시스템(http://kolis-net.nl.go.kr)에서 이용하실 수 있습니다. (CIP제어번호 : CIP2019034495)